EDITORIAL UNILIT

Cómo
atravesar
momentos
dificiles

Una guía para la mujer

QUIN SHERRER & RUTHANNE GARLOCK

Publicado por
Editorial **Unilit**
Miami, Fl. 33172
Derechos reservados

Primera edición 2000
1998 por Quin Sherrer y Ruthanne Garlock
Todos los derechos reservados. Ninguna parte de este libro puede ser reproducida
excepto en pasajes breves para reseña, ni puede ser guardada en un sistema de
recuperación o reproducido por medios mecánicos, fotocopiadora, grabadora o de
otras maneras, sin el permiso de los editores.
Originalmente publicado en inglés con el título:
A *Woman's Guide to Getting Through Tough Times.* publicado por Vine Book
una casa impresora de: Servant Publications.
P. O. Box 8617, Ann Arbor, Michigan 48107

Traducido al español por: Silvia Bolet de Fernández
Citas bíblicas tomadas de La Biblia de las Américas (BLA)
©1986 The Lockman Foundation
Usadas con permiso

An *Affair of the Mind* por Laurie Hall y publicado por Enfoque a la Familia.
©1996 por Laurie Hall. Todos los derechos reservados. Derechos de autor internacional asegurados. Usado con permiso. Las historias en este libro son verdaderas
y han sido usadas con permiso. En ciertas ocasiones, las circunstancias de sucesos
particulares y algunos nombres de personas y lugares han sido cambiados para
protección de la privacidad de las personas.

PRODUCTO 498218
ISBN 0-7899-0602-3
Impreso en Colombia
Printed in Colombia

Contenido

Reconocimientos

Yo (Quin) doy tributo a mi difunta madre cuya vida me mostró que una madre soltera puede mantener su gozo y fortaleza en medio de momentos muy difíciles —y sin embargo salir victoriosa al final:

Jewett Lammon Moor (1910-1983)

Yo (Ruthanne) honro a dos mujeres de fe muy especiales en mi vida, quienes han sido ejemplos maravillosos de fortaleza en medio de momentos difíciles:

Ruth Eveline Garlock (1897-1997)
Mi suegra

Patricia Marilyn Sandidge
Mi cuñada
quien se mantuvo al lado de mi hermano
durante su larga lucha contra el cáncer
y se enfrentó al futuro con valentía.

También damos especiales gracias a:

- Nuestros muchos amigos y compañeros de oración quienes han orado por nosotros y animado de forma fiel.
- Nuestros editores, Beth Feia y Gwen Ellis.
- A todas las mujeres que permitieron que compartiéramos sus historias.

Introducción

❧

LA HISTORIA DE NOÉ, en el libro de Génesis nos enseña la importancia de prepararnos para los tiempos difíciles —incluso cuando en los tiempos presentes todo parece estar normal. Por causa de Noé haber encontrado favor con Dios, recibió aviso de la destrucción que se avecinaba. Dios le dijo de cómo proveer seguridad para él y su familia.

Meditando en la importancia de estar preparados para tiempos difíciles, yo (Ruthanne) pensé sobre la experiencia que mi esposo y yo acabamos de pasar durante la construcción de nuestra nueva casa. No habiendo nunca antes construido una casa, buscamos consejos de amigos que conocían del asunto y tratamos de tomar todas las precauciones necesarias. Nosotros escogimos con cuidado el lugar más lógico para construir en nuestra propiedad, y nos aseguramos de tener un fundamento sólido.

Por causa de que durante la construcción el área sufrió la peor sequía registrada durante los últimos cincuenta años, no nos dimos cuenta lo que le sucedería a nuestro jardín en declive cuando llegara la temporada de lluvia. ¡Pero seis meses después de habernos mudado, el área sufrió la peor *inundación* de la que se tenga récord en los últimos cincuenta años! Y vino en junio, un tiempo cuando normalmente hay muy poca lluvia.

Mi esposo se encontraba fuera del país en ese momento, y yo no estaba cuando la tormenta pegó ese fin de semana. Yo regresé a la casa para encontrar fango en nuestro balcón casi hasta la puerta de entrada. Me sentí agradecida de que el agua no entró a la casa —aunque muchas personas en el área sufrieron grandes daños. El declive delante de la casa no lucía tan profundo durante el tiempo de sequía, pero con las lluvias torrenciales, se convertía en una cascada. La lluvia fuera de temporada fue un aviso de que teníamos que tomar medidas preventivas.

Ahora, mientras la temporada de lluvia está en camino, acabamos de terminar de construir una pared de retención a lo largo del jardín que desviará el agua de lluvia hacia cada lado de la propiedad y protegerá la casa de cualquier inundación futura. Nosotros aprendimos nuestra lección. Ahora estamos preparados.

La analogía espiritual parece ser clara. Dios en Su gracia, nos avisa, y le da tiempo a una viuda, para que se prepare para las tormentas que se avecinan. Si respondemos, haciendo lo que podamos con nuestro limitado entendimiento, Él provee la fuerza y la sabiduría necesaria para construir una pared de protección. Dios es un aliado en momentos difíciles.

Como contraste, los falsos dioses, adorados por millones de personas en nuestro mundo, parecen ser enemigos. Guiados por el temor de que los malos espíritus puedan hacerles daño a ellos o a sus familiares, los "adoradores" tratan de apaciguar a estos dioses por medio de rituales.

Un misionero trabajando en Asia, me dijo recientemente que uno de sus estudiantes había roto con las tradiciones para abrazar la fe en Cristo. Él está sufriendo gran persecución a manos de su propia familia, pero al fin tiene paz interior. El saber que su Dios-Creador es un Padre redentor y amoroso le capacita para soportar los tiempos difíciles.

Qué contraste a la verdad de que nuestro Dios-Creador es un Padre redentor y amoroso. Aunque no se nos garantizan cielos soleados y buena navegación, tampoco Dios, a propósito, busca venganza en contra de Sus hijos. Él ofrece gracia y perdón para nuestros pecados y nos promete Su presencia y paz para sostenernos durante la tormenta.

Sobre la ventana de mi cocina está colgado un cuadro con la imagen del arca, un arco iris y una paloma, con la inscripción *Dios guarda Sus promesas*. Es un recordatorio continuo de que aún cuando estoy pasando momentos difíciles, Dios es fiel a Su Palabra.

Ruthanne Garlock

UNO

❦

¿Estás atravesando momentos difíciles?

*Amados, no os sorprendáis del fuego de prueba que os
ha sobrevenido, como si alguna cosa extraña os
aconteciese, sino gozaos por cuanto sois participantes
de los padecimientos de Cristo, para que también en la
revelación de su gloria os gocéis con gran alegría.*

1 PEDRO 4:12-13

¿Por qué Cristo mantiene sus cicatrices? Él pudo haber
tenido un cuerpo perfecto, o ningún cuerpo, cuando
regresó al cielo en su esplendor. En su lugar, Él llegó con
el recuerdo de su visita a la tierra. Como recuerdo de su
tiempo aquí, Él muestra sus cicatrices. Por eso es que yo
digo que Dios escucha y comprende nuestro dolor, e
incluso lo absorbe Él mismo, porque Él retuvo esas
cicatrices como imagen perpetua de la herida humanidad. Él ha estado aquí; Él ha llevado la sentencia. El
dolor del hombre se ha convertido en el dolor de Dios.[1]

DR. PAUL BRAND

9

*M*omentos difíciles. Problemas y tribulaciones. Todos los hemos tenido, ¿pero cuántos de nosotros nos hemos deleitado en la experiencia? En su lugar, oramos para que pasen, y pronto. En raras ocasiones nos regocijamos por los momentos difíciles —somos más inclinados a achacárselos al diablo. O a Dios.

Pero lo cierto es que la severa adversidad viene a menudo a aquellos que piensan que menos se la merecen; y la rápida liberación que esperamos y por la que oramos no siempre la sigue.

Si estás luchando para salir de un tiempo difícil en tu vida, eres uno de una gran compañía del pueblo de Dios. No me refiero a tan solo en este tiempo presente, sino también a una compañía de personas en el tiempo bíblico que incluyen a José y su trato injusto... Ana y su penar por un hijo... David y su temor de Saúl... Daniel, quien fue perseguido por orar... La mujer en el pozo, quien había sido rechazada por cinco esposos consecutivos. El apóstol Pablo, quien sufriera un naufragio, azotes y prisiones, escribió: "Y estas cosas les acontecieron como ejemplo, y están escritas para amonestarnos a nosotros, a quienes han alcanzado los fines de los siglos" (1 Corintios 10:11).

El casco de la esperanza

Ya por muchos años, hemos estado escribiendo y enseñando sobre la guerra espiritual; animando a los creyentes a usar sus armas espirituales y tomar una postura firme en contra de los ataques de Satanás. En ocasiones nos encontramos con mujeres que tienen la idea equivocada de que la lucha espiritual es una solución rápida y fácil a sus dificultades. Luego se desaniman cuando la batalla persiste, y los principios que han aprendido parecen no funcionar.

Nosotros afirmamos definitivamente la validez de la guerra espiritual. Pero también reconocemos que algunas batallas son intensas y de largo plazo, demandando gran tenacidad y compromiso antes de que el problema sea resuelto.

Una pieza esencial de la armadura que debemos usar en medio de la batalla es el casco de la salvación y la esperanza (vea Efesios 6:17 y 1 Tesalonicenses 5:8). El autor Roger Palms comparte esta analogía: "Cuando tienes la salvación, no como un menudo pañuelo, sino como una firme realidad, y lo llevas puesto cuando te encaras a la vida, entonces ninguna explosión inesperada, ni golpe súbito, puede tumbarte... Piensa que la vida es como un área de construcción donde se requiere el uso del casco duro. Piensa en la esperanza de la salvación como si fuera un casco. Cambiará tu perspectiva de cómo encarar cada día y los eventos de él".[2]

El propósito de este libro es el de proveer guías para *ayudarte* a atravesar tu valle de momentos difíciles. También para ofrecer *esperanza*, asegurándote que puedes salir de esa experiencia más sabia, mejor y más fuerte que cuando entraste en ella. Y a instarte a que recibas la *sanidad* de Dios para las heridas que has adquirido a lo largo del camino.

Conocerás mujeres que han sobrevivido dificultades similares a las tuyas, y a otras cuyos problemas, en comparación, harán lucir a los tuyos como una "leve aflicción". La revelación que estas amigas comparten de sus experiencias te animarán y fortalecerán para perseverar, no importa cuál sea tu problema.

Ambas hemos lidiado con nuestras dosis de momentos difíciles a través de los años. Uno de los mayores retos de Quin fue el sobreponerse a las heridas de su niñez. Ella comparte aquí un capítulo final sobre su sanidad, que tomó lugar mientras estábamos escribiendo este libro.

Una jornada dolorosa

Han pasado más de cuarenta años desde mi última visita a este inmenso y viejo edificio de piedras en las montañas de los campos de Texas. En aquella época había sido convertido de una pista de patinaje a un salón de reunión para el campamento de jóvenes de una denominación. Hoy día es parte de un centro de retiro.

Mientras Ruthanne y yo estábamos de pie en la esquina del salón, un rayo de luz se filtró por la ventana y mis pensamientos corrieron al pasado, al único momento en que yo había estado de pie en ese lugar. Para una tímida joven de quince años que no conoce a ninguna otra persona en el campamento de jóvenes, la experiencia que les voy a contar fue aún de mayor temor.

Fue mi primer viaje de regreso a Texas a visitar a mi padre, después que él había abandonado a mi madre y a nosotros, cuatro hijos, tres años antes. Cuando le escribí a mi mamá que deseaba regresar a la Florida, porque me sentía incómoda en su casa donde vivía una nueva esposa, ella le telegrafió que me enviara de regreso a ella.

En vez de hacer eso, él me envió a un campamento de jóvenes, pero esto probó ser su ruina. Mi papá era pastor, y algunos de los líderes de la denominación en el campamento me reconocieron como su hija mayor. Ellos me llevaron a un lado, hacia esta misma esquina del salón de reunión para interrogarme sobre los detalles de la separación de mis padres.

Me sentí miserable y avergonzada por estar en la línea de fuego, pero dí respuestas honestas. A medida que sus perspicaces preguntas continuaron, la verdad de lo que había sucedido se descubrió. Papá había mudado a su secretaria a vivir con nosotros, y una vez que nos sacó de la casa, se casó con ella. Pocos meses después de ese interrogatorio esos mismos líderes le pidieron que renunciara del pastorado. Porque tenía varios títulos pudo lograr mantenerse como maestro, pero hasta donde yo sé, nunca predicó de nuevo.

Varios años pasaron antes de volver a ver a mi papá, pero siempre que pensaba en ese rancho en las colinas de Texas, me llenaba de sentimientos y recuerdos desagradables. Un sentido de remordimiento de que la carrera como predicador de este brillante hombre hubiera terminado. Quizás, un sentido de culpa de haberlo causado. Arrepentimiento de que por haberse desconectado de nosotros por completo, nuestra familia sufrió dificultades económicas, mientras mi mamá luchaba por mantener cuatro hijos en una casa de huéspedes vieja, de tablas de madera, determinada a ver que todos fueran a la universidad.

Yo había sido herida, no tan solo por su abandono; sino que la ambivalencia demostrada en su posición, me dio una imagen negativa de Dios como Padre. Dotado en la predicación, papá era un orador favorito para los grandes eventos denominacionales, pero en casa él era muy estricto. Él esperaba perfección de sus hijos desde demandar absoluto silencio cuando él descansaba, hasta presionarnos a que todos obtuviéramos "A" en nuestro desempeño escolar. Él era rápido para castigar a mis hermanos con un cinto de cuero, pero en raras ocasiones expresó algún afecto o aprobación a ninguno de nosotros.

Tímida y callada, yo estudiaba todo el tiempo para evitar su enojo. Pero me preguntaba: *¿Tengo que tratar tan duro para ganarme la aprobación de Dios, como lo hago con mi papá? ¿Me verá Dios como "menos que" si regreso a la casa con una B en lugar de una A? ¿O si no me he memorizado todos los versos bíblicos requeridos? ¿O si fuera a un cine con una amiga?*

Recuerdo el sentido de bochorno que sentí como la única niña de mi clase que pertenecía a un hogar divorciado. Incluso no me aceptaron en la membresía de la iglesia por causa de esto, en la misma denominación que había ordenado a mi padre, como si el divorcio fuese mi culpa. Mi comprensión sobre Dios el Padre, al igual que mi actitud hacia los pastores, se distorsionó.

Trayendo el cierre

Así que aquí estábamos de pie, Ruthanne y yo, en la misma esquina donde yo había sufrido "la inquisición" años atrás. Lo único que podía hacer era pedirle a Dios que completara la sanidad de las heridas que había sufrido allí, aunque mi papá ahora tenía ya varios años de muerto.

Mientras estaba allí, de pie, mi mente se llenó de recuerdos de otro momento, una noche en 1972, cuando escogí perdonar a mi padre mientras un pastor al que yo ni siquiera conocía oraba conmigo. Lloré lágrimas de arrepentimiento mientras el Espíritu Santo barría todos los sentimientos sepultados de enojo, rechazo, falta de perdón y amargura con los que había cargado por tanto tiempo. Esa noche, vi una imagen más clara de un Padre celestial amoroso, y pude perdonar a los pastores en general por las injusticias que sentí. Incluso comencé a escribirle a mi padre y a desarrollar una relación a larga distancia.

Luego recordé otro día, unos años después de esa importante oración. Fue la segunda vez que mi papá vino a visitarme. "Estoy tan contento de que me hayas perdonado", me dijo mientras se marchaba. Yo pude abrazarle con sinceridad, mientras le susurraba: "Todo está bien, papi".

Ahora, mientras Ruthanne y yo nos volteábamos para marcharnos, un conserje entró al salón para barrerlo. Caminando hacia la salida, pasamos junto a varias bolsas y un canasto de basura que se desbordaba esperando a que lo vaciaran. Para mí, en ese momento cuando regresé a ese viejo edificio y le entregué al Señor cualquier residuo de basura emocional, significó el cierre final a un largo período de dolor y lucha en mi vida.

Dejamos el salón de reunión y manejamos hacia una capilla al aire libre en la colina más alta mirando hacia el centro de retiro. Allí nos regocijamos sobre la preciosa vista de la creación de Dios y tuvimos una celebración de alabanza por el fin de ese dolor en mi vida. Mientras manejábamos por las puertas de salida del complejo yo podía decir con sinceridad que estaba contenta por haber venido. Durante el viaje de regreso hacia la casa nueva de Ruthanne, que quedaba a sólo setenta millas de distancia, hablamos sobre las muchas mujeres por las que nosotras habíamos orado a través de los años, que habían sufrido un gran dolor emocional por experiencias similares.

Nosotras tenemos algún control sobre cuánto tiempo más continuará nuestro viaje en el valle de los tiempos difíciles. Tan solo cuando escogemos perdonar a la persona que nos causó el dolor, puede comenzar el proceso de la sanidad. El Espíritu Santo siempre está disponible a fortalecernos y ayudarnos una vez que tomamos la decisión de perdonar.

El cierre puede venir cuando tú escribes tus sentimientos y confesión al Señor en una libreta, u "oras" sobre el asunto con un compañero de oración. Puede que necesites visitar o escribir a aquellas personas envueltas en la situación dolorosa, para dejarles saber que les has perdonado. O quizás serás guiado a ir a un lugar donde un evento significante tomó lugar y dejar ir esos recuerdos al Señor. Pero ten la seguridad de que si deseas recibir la sanidad de Dios, el Espíritu Santo te guiará y ayudará cuando decidas perdonar.

Estampas de tiempos difíciles

Quizás puedas identificarte con algunas de estas escenas de momentos difíciles, que algunas damas han compartido con nosotras.

- Una abuela que está criando a sus nietos, gemelos de un año de edad, después de haberlos abandonado su hija.
- Una esposa que está luchando en su matrimonio, porque su esposo es adicto a la pornografía.

- Una enfermera que trabaja en un hospital para niños con problemas emocionales, es acusada falsamente de haber abusado a uno de los pacientes. La acusación es iniciada por una de sus compañeras que está celosa de su posición.

- Una pareja casi lista para la jubilación que tienen ahora que poner a su hija adulta en un programa de rehabilitación de drogas y cuidar de su niño de meses.

- Una mamá que tiene que supervisar a su hijo con problemas de aprendizaje hacer todo dos veces, repitiendo las clases, asistiendo a la escuela de verano cada día, sin esperanza de ver el fin del asunto.

- Una mamá que acompaña a su hija a hacerse un aborto y ahora sufre con remordimientos por haber accedido a la muerte del que pudo haber sido su primer nieto. Aunque le ha pedido perdón a Dios, le cuesta trabajo perdonarse a sí misma.

- Una mamá cuyo hijo murió en un accidente de automóvil y quien ahora lucha con Dios sobre si fue ella o Satán quien le arrebató la vida a su hijo.

- Una joven que creció en una casa con un padre alcohólico y ahora lucha con el enojo porque él cometió suicidio, después de toda la familia haber luchado muy duro por ayudarlo y por mantener las cosas estables para él.

- Una mujer cuya hija perdida al fin la llama después de cuatro años porque está desesperada por dinero. Durante el tiempo que la hija no tuvo contacto con su familia, ella había sufrido de desórdenes de alimentación y ataques de depresión e intentó suicidarse.

- Una mujer joven que aún sufre, varios años después que su prometido canceló su boda, tan solo dos semanas antes de la ceremonia.

El dolor es real

Las transiciones normales de nuestras vidas, tales como trabajos, relaciones, o la boda de los hijos y su mudanza, pueden traer tiempos de dolor. Pero los retos más traumáticos nos angustian aún más y nos provocan el cambiar nuestra perspectiva sobre lo que es importante en realidad. En su libro *The Pummeled Heart*, Antoinette Bosco nos da importantes revelaciones sacadas de sus años de sufrimientos:

> IMAGÍNATE, POR EJEMPLO, SI TU HIJO ESTÁ EN PELIGRO DE MUERTE —Y YO HE PERDIDO DOS HIJOS— LA POCA IMPORTANCIA QUE TIENEN ESAS COSAS COMO LOS MUEBLES, UNA CASA LIMPIA, UNA PROMOCIÓN DE TRABAJO, O UN FAMILIAR MAJADERO. TE VUELVES TERRIBLEMENTE CONSCIENTE DE LO FINITO QUE ES ESTE MUNDO Y BUSCAS LO PERDURABLE, LO ETERNO. TE ENCAMINAS A DIOS.

...Otra dificultad que puede amenazarnos es lo que yo claramente llamo la pérdida periódica, temporal de la fe. Somos sobrecogidos por la oscura sensación de que ya nada tiene sentido. Es un lugar sombrío para estar. Pero podemos encontrarnos allí de vez en cuando, tan solo porque así es la vida... Lo que me ha sorprendido en esos momentos es la extraordinaria y sorprendente manera que Dios revela Su poder creador para ayudarnos a sostenernos a la fe.[3]

La herencia de gracia de una madre

Yo (Quin) vine a conocer la paz de Dios en los días sombríos cuando cuidaba de mi madre durante los trece meses que ella sufrió de cáncer. Cuando ella estaba en agonía, porque la medicina para el dolor no le aliviaba, mi hijo Keith en ocasiones se sentaba al lado de su cama, dando golpes con su puño en la palma de su mano, mientras decía: "¿Por qué? ¿Por qué tiene que sufrir así mamá Jewett?"

Mi única explicación vino de dos versos que se convirtieron en algo precioso para mí y para mamá: "...a fin de conocerle, y el poder de su resurrección y la participación de sus padecimientos, llegando a ser semejantes a Él en su muerte" (Filipenses 3:10). "...Si somos muertos con Él, también viviremos con Él; si sufrimos también reinaremos con Él. Si le negáramos, Él también nos negará" (2 Timoteo 2:11-12).

Esto era de poco consuelo para mi hijo de veintiún años, pero para mi moribunda y anciana madre de setenta y dos años, era esperanza.

Al final de su difícil jornada, ella me pidió que le alcanzara lápiz y papel para escribirle una última carta a sus hijos. A pesar de su debilidad, ella trabajó por horas para escribir desde la cama de su casa. Es un legado que atesoro:

Mis queridos hijos:
Antes de salir de viaje, sentía una gran urgencia de escribirle a cada uno de ustedes. Ahora siento de nuevo esta urgencia.

Como cada uno de ustedes saben, yo he sido muy independiente y he sentido que puedo manejar cualquier situación que se me presenta en el camino. Esta lucha de lidiar con el cáncer es en realidad una experiencia de aprendizaje. Al principio tuve que tomar decisiones —escoger al médico adecuado, tratamiento, manejo de asuntos legales— que junto con la sorpresa, el dolor y el sufrimiento fueron muy difíciles.

Yo sé que he tenido el apoyo de mis cuatro hijos junto con el de la familia y una hueste de amistades. Pero necesitaba de la gracia de Dios para continuar. He aprendido tanto a través de esto. Una de las cosas difíciles sobre el sufrimiento es que cuando otros se enteran de que estás sufriendo, ellos se envuelven en el asunto y también sufren. Yo sé que el propósito del sufrimiento de Jesús en la cruz fue el acercarnos a Dios. Él sufrió por nosotros.

La otra noche, dije: "Señor, dame gracia para soportar, yo deseo que esta sea una oportunidad, no una odisea. No deseo tener ningún mal sentimiento o murmuración".

Fue como si gigantescas compuertas se hubiesen abierto. La gracia y el amor de Dios inundó mi ser. Fue la experiencia más maravillosa, y todo cambió en mí. Nunca sentí tanto amor por cada uno de ustedes, hijos míos. Desde entonces, he sentido el gozo del Señor y Su gracia, y sé que la paz que sobrepasa todo entendimiento me sustentará y llevará hasta el fin.

Así que, para cada uno de ustedes, confío que esta sea una oportunidad y no una odisea. Deseo que sepan que la gracia de Dios es suficiente para mí.

Mi futuro está en las manos de Dios, y cualquiera que sea la necesidad, será suplida cuando llegue ese momento.

Con todo mi amor, MAMÁ

Tres meses más tarde, dos días justos antes de la Pascua, ella se fue a su mansión celestial. Después de su servicio fúnebre, guié el procesional de mi familia tras su féretro mientras cantábamos junto con toda la congregación en esa pequeña iglesia Episcopal: "¡Cristo el Señor ha resucitado hoy, Aleluya!" El director fúnebre no quería ir al cementerio porque estaba lloviendo mucho, pero yo insistí en que deberíamos ir al último servicio en el cementerio. Justo cuando llegamos allí, cesó la lluvia, las nubes se fueron, y dimos nuestro último adiós mientras entregábamos a mamá a su Padre celestial. Entonces, se volvieron a abrir los cielos y volvió a derramar sus lágrimas.

Yo espero que cuando mis momentos más difíciles en la tierra vengan, pueda decir con mamá: "Señor, dame gracia para soportar. Yo deseo que esto sea una oportunidad, no una odisea".

La Biblia dice que hay tiempo para nacer y tiempo para morir (vea Eclesiastés 3:2). Cada uno de nosotros se enfrentará a la muerte algún día. ¿Podremos, estaremos listos para encontrarnos con nuestro Señor, sin lamentaciones?

El bordado de Dios

Un poema que la evangelista escocesa Corrie ten Boom usó en sus enseñanzas a menudo, es sobre una pieza de bordado. Mientras mostraba una pieza de bordado, ella solía decir: "Dios conoce lo que nosotros no conocemos. Dios lo sabe todo. Mire esta pieza de bordado. El revés es un caos; pero mire la hermosa imagen en el otro lado, el lado correcto". Luego, ella repetía el poema:

Mi vida no es sino un tejido, entre mi Señor y yo.
Yo no puedo escoger los colores, con los que Él siempre está tejiendo.
A menudo Él teje tristeza, y yo con orgullo tonto olvido que Él ve lo superior, y yo el revés.
No es hasta que la atmósfera se calma y los movimientos cesan que Dios no desenrolla el lienzo y explica la razón del por qué.
Las hebras oscuras son tan necesarias en las diestras manos del Tejedor como lo son las hebras doradas y plateadas en el patrón que Él ha planeado.

"Nosotros ahora vemos el revés; Dios ve su lado todo el tiempo", Corrie añadía. "Un día veremos el bordado desde Su lado, y le daremos las gracias por cada oración contestada y no contestada. Lo alegre del caso es que en todo momento que tenemos que luchar la batalla de la fe, Dios ve Su lado del bordado. Dios no tiene ningún problema en cuanto a nuestras vidas, tan solo tiene planes. No hay pánico en el cielo".[4]

Oración

Señor, admito que no me gustan los tiempos difíciles, de problemas y tribulación. El regocijarme en medio de mis problemas no es fácil; necesito Tu fortaleza. Ayúdame a alabarte a pesar de las circunstancias, y a sostenerme en fe de que esta situación será pasajera. Señor, deseo surgir mejor y de forma más cristiana, no con amargura y resentimiento. Ayúdame a reflejar Tu gloria en mi actitud, mi comportamiento y mi carácter. Gracias, Señor Jesús, por sufrir por mí. Amén.

DOS

❧

Cuando la dificultad golpea el hogar

Por tanto, no desmayamos; antes bien, aunque este nuestro hombre exterior se va desgastando, el interior se renueva de día en día. Porque esta leve tribulación momentánea produce en nosotros un cada vez más excelente y eterno peso de gloria; no mirando nosotros las cosas que se ven, pues las cosas que se ven son temporales, pero las que no se ven son eternas.

2 CORINTIOS 4:16-18

Puedo ver que Jesús atrajo a hombres y mujeres al Reino prometiéndoles a ellos dos cosas: Primero: problemas —dificultades, peligro; y segundo: gozo. ¿Pero, qué química curiosa es esta, que Él pueda hacer lucir aún al peligro y la dificultad algo gozoso? Él comprende cosas sobre la naturaleza humana de las cuales nosotros tan sólo tocamos la superficie: pocos de nosotros somos realmente retados por la promesa de una vida suave, por un énfasis en el yo primero, o por una vida de fácil compromiso.[1]

CATHERINE MARSHALL

¿Por qué? ¿Por qué esto me sucedió a mí? ¿Y por qué ahora? ¿Qué hice yo para merecer este sufrimiento? ¿Le has formulado alguna vez a Dios estas preguntas? Posiblemente la mayoría de nosotros las hemos pensado, aunque no las hayamos dicho. Otra pregunta que pudiéramos hacer es: ¿Por qué no yo? ¿Por qué debiera yo ser librada del dolor y sufrimiento más que otra persona?

Tomando una decisión

Ninguno de nosotros escapamos de la adversidad en esta vida. Pero tenemos una opción: ya sea permitir que la gracia de Dios pruebe nuestros corazones, y luego nos cambie en medio de nuestro sufrimiento; o endurecer nuestros corazones en amargura.

No importa el dolor que sufrimos, o cualquiera sea la pérdida que experimentemos en nuestra adversidad, Dios la usará para bien. La Escritura provee muchas anécdotas del pueblo valiente de Dios frente a las dificultades, por ejemplo, cuando los israelitas fueron librados de la esclavitud en Egipto, seguido de los cuarenta años que peregrinaron en el desierto. Su propia desobediencia fue la responsable de la mayoría del sufrimiento que tuvieron. Pero Dios, en lugar de destruirlos, les recordó que Él estaba desarrollando su carácter:

*Y te acordarás de todo el camino por donde te ha traí-
do Jehová tu Dios estos cuarenta años en el desierto,
para afligirte, para probarte, para saber lo que había
en tu corazón, si guardarías o no sus mandamientos.*

Deuteronomio 8:2

Cuando los problemas presionan, casi no podemos ver cómo Dios pudiera estar desarrollando nuestro carácter. Tan sólo deseamos que los problemas finalicen. Pero la prueba revela la profundidad de nuestra confianza en Dios, al igual que nuestros lugares superficiales de duda y temor.

Un camino desierto

La experiencia del desierto para Helen la llevó por un camino que ella nunca soñó que tendría que andar. "El drama y el trauma parecían ser mis compañeros desde que me volví una madre soltera —ella nos dijo—. A veces pensaba cómo se sentiría el no estar lidiando con una crisis".

Después de años de estar orando por la salvación de su esposo, su dureza hacia Dios y hacia ella tan solo aumentaron. Su cruel abuso verbal y emocional causaron que su hija mayor, Lisa, requiriera consejería psiquiátrica al principio de los años de la adolescencia.

"Entonces comprendí que tenía que presentar el divorcio para proteger a mis hijos —dijo Helen—. Agonizaba sobre si mi intento de quedarme en el matrimonio hubiera causado más sufrimiento a los niños. Pero Dios me sostuvo durante la complicación del divorcio, ayudándome con el empleo y recibiendo ayuda de consejería para Lisa. No era fácil, pero crecí mucho en la experiencia".

Helen sintió que una vez que los niños terminasen la escuela superior, se establecieran en una universidad o trabajo, la vida sería un poco más fácil. Pero nada la preparó para la próxima odisea que estaba a punto de encontrar. Ella cuenta su historia:

«El verano después del primer año de entrenamiento de enfermera de Lisa, noté que ella estaba pasando mucho tiempo a solas con Kenny, su primer novio formal. Le advertí que usara límites y que no se pusiera en una situación comprometedora.

Teníamos muchas discusiones francas sobre asuntos sexuales. Ella y Kenny, ambos creyentes, se habían conocido en la iglesia y habían salido juntos durante varios meses.

«Hacia el final del verano ella vino a mí llorando, confesando que había tenido sexo con Kenny. Tuvimos una discusión sobria, tierna, hasta entrada la noche. "Lisa, deja que esto sea la mano de misericordia de Dios para ti, ¡no lo hagas de nuevo! —le dije. Ella me aseguró que no lo haría, y yo confié en ella. Sentí que ella ahora caminaría en un temor saludable delante de Dios.

«Pero dos meses más tarde, en una salida, mientras estábamos manejando una noche, Lisa dio otra noticia: "Mami, mi vida cambiará para siempre. Estoy embarazada. La prueba salió positiva, en dos ocasiones". Ella había tenido sexo con Kenny dos ocasiones más, después de haberse arrepentido y de nuestra discusión.

«Vamos a ir a casa de Kenny —le dije con gravedad, girando el auto de regreso hacia su apartamento.

«Confronté a ambos sobre su mal comportamiento y les hice culpable de sus actos mientras yo expresaba mi profunda preocupación, dolor y desencanto. Dios me ayudó a mantenerme calmada durante toda la discusión; luego, una corriente de enojo y violencia me cubrió.

"Por supuesto que estaba molesta con Lisa, pero en realidad quería herir a Kenny. Él es unos años mayor que Lisa, y yo sentía que él tomó ventaja de una adolescente inexperta. Yo deseaba incrustar el teléfono en su estómago, pisarle los dedos de los pies y, en general, caerle a golpes.

«Yo estaba devastada y llena de vergüenza, ya que tal parecía que mis mejores esfuerzos de criar hijos habían fracasado. Con una nube negra ahora colgando sobre el futuro de Lisa, me sentí desencantada, enojada, herida, adolorida y perdida con esta noticia. Luego entré en un período de tres meses de depresión. Aunque nunca le di mi espalda a Dios, me sentí entumecida y sin vida, sin importarme ya nada más.

«Mientras tanto, Lisa sufría malestares extremos en las mañanas, mientras ella entraba en su segundo año de escuela de enfermera. Ella y Kenny debatían si se debían casar o dar el bebé para adopción. La mayoría del tiempo me parecía como una pesadilla que esperaba que terminara pronto.

«Un día, casi tres meses después de Lisa haber dado la noticia, estaba sentada a solas en la mesa de la cocina. En el espíritu, sentí y vi al Señor entrar en la habitación. Como lo haría un buen amigo, Él me dio una suave palmada en el hombro y me dijo tranquilizándome: "¿No piensas que mi amor es lo suficiente grande como para cubrir esta situación?

«Ese fue el momento decisivo para mí en esta jornada. De momento vi todo el problema desde la perspectiva de Dios, que no estaba sin esperanza. Ahora podía aceptar a Lisa más libremente y recibir a Kenny como a un hijo. Me arrepentí de mi enojo, los perdoné a los dos por decepcionarme y salí del patrón que me paralizaba, para continuar con mi vida.

«Después de finalizar su segundo año de estudio, Lisa dio a luz a un varón saludable. Ella y Kenny ahora están casados y ella está cursando su tercer año de entrenamiento. Su boda fue un testimonio de la sanidad de Dios, con el bebé y todos los miembros de la familia presente.

«Después de repetir sus votos el uno al otro, el pastor les dedicó su hijo. Fue una experiencia espiritual de restauración, declarando al mundo que se ve y que no se ve, que Dios perdona, sana, liberta, y redime nuestros errores.

«El drama del embarazo, y el trauma de ser abuela antes de ser suegra, casi me sobrecoge. Yo pude lidiar con estos sucesos tan solo manteniendo mi atención en Jesús, separando tiempos de meditación en mi itinerario para buscar su presencia, y dejando ir las cosas sobre las cuales yo no tenía ningún control.

«Ahora, lo más difícil es ver a Lisa pasar por los dolores de su "ajuste de vida", ya que los cambios han surgido tan rápido para ambas. Yo sé que ella tiene más lecciones difíciles por delante, pero en realidad ella es mayor y más sabia después de esta experiencia. Yo estoy aprendiendo a confiar en Dios a que me muestre cuándo echarme a un lado y dejarla crecer, y cuando dar un paso hacia ella para animarla y reforzarla. Estas lecciones de la vida están aún en proceso, pero mi fe está anclada en el conocimiento de que Su amor en realidad es lo suficiente grande para toda situación».

Creando una familia mezclada

En nuestro libro *Guerra Espiritual: Una guía para la mujer*, nosotros compartimos la historia de Rena, cuyo matrimonio fracasó a pesar de sus oraciones y esfuerzo por salvarlo. Ella luchó para consolar a sus dos hijos decepcionados, mientras también se ajustaba a un nuevo lugar, un nuevo trabajo enseñando música. Entonces conoció a Trent, un padre soltero luchando para criar a sus dos hijos, solo, después que su esposa lo dejara. Pronto él le propuso matrimonio.

Rena fue muy cuidadosa, pero después de tres años de oración y consejería, se casaron. Aunque su divorcio había sido doloroso, Rena descubrió que al crear una familia mezclada dentro de habitaciones aglomeradas de gentes también traía problemas. Las personalidades de sus hijos y los hijos de Trent eran polos opuestos, y aprender a confiar en "extraños" no era cosa fácil. El establecer normas de disciplinas y rutinas del hogar trajo chispas de conflictos.

«El Señor comenzó a lidiar conmigo sobre mi propia actitud, y por medio de muchas lágrimas clamé a Él para que me ayudara a amar con Su amor —Rena contó—. Las soluciones vinieron despacio. Pero aprendí a depender en Trent para manejar los temas de disciplina y concentrarse en ser un proveedor amoroso. A pesar de mi itinerario como maestra, yo trataba de preparar al menos una buena comida caliente al día que todos nosotros, los seis, compartíamos como familia. Eso tan solo derribó muchas murallas».

Ahora, después de cuatro años, Rena se regocija por los triunfos espirituales que ella y Trent han comenzado a notar en sus hijos.

«La fidelidad de Trent ha ayudado a mis hijos a aprender a confiar de nuevo —Rena nos dice—. De hecho, todos los muchachos ahora se llaman unos a otros hermanos. Ellos oran unos por los otros, y tienen un común interés en la música. A medida que están siendo sanados de sus propias heridas, han podido vencer el egoísmo y alcanzar a otros.

«Dios nos ha traído por un largo camino para ser una familia mezclada con amor. Para soportar los momentos difíciles, siempre encuentro fortaleza y renuevo por medio de la adoración. El piano es mi lugar de oración, de batalla y de refugio, donde yo expreso mis sentimientos al Señor y recibo Su amor y paz».

Sosteniéndome de Dios

Cuando una dificultad financiera nos golpea, además de perder la casa y modo de vida, las preocupaciones y presiones con facilidad pueden obscurecer tu confianza en Dios. El atravesar esos momentos, demanda una determinación de guardar tu confianza en Dios Padre. Ruth, quien fuera en una ocasión la esposa de un agricultor, nos escribió sobre su trauma al atravesar por la pérdida de sus finanzas:

«En la década de 1980 nos encontramos endeudados con el banco por causa de préstamos agrícolas para poder operar y que no podíamos pagar. El banco había animado al desarrollo y la expansión, pero dentro de corto tiempo el precio agrícola y el mercado de las redes se hundió. Esto significó ejecución, bancarrota, y el vender nuestras posesiones.

«Habíamos comprado nuestro casa a los padres de mi esposo, y la tierra de pastos de mis abuelos, una propiedad que había estado en nuestra familia por generaciones. Nosotros sentíamos una gran responsabilidad de continuar con esa herencia.

«Sin embargo, tuvimos que vender las vacas, entonces dejamos de ser rancheros. Pusimos en subasta las máquinas y ya no éramos más agricultores. Lo próximo fue la tierra. Al deshacernos finalmente de esto, no tan solo sufrimos una gran pérdida financiera; sino que perdimos lo que nuestros padres y abuelos habían trabajado tan arduamente para mantener. Pasamos de un valor neto de un millón de dólares a cero.

«Un día, mirando la maquinaria de la granja toda alineada para la venta, recordé lo que un amigo había dicho cuando su tractor se desbarató: "Gran cosa, es tan solo un pedazo de hierro". Colgué un letrero en el gallinero que leía: "¡La vida continúa después de cultivar!" Tan solo me quedaba el derecho a recurrir a mi fe en Dios, eso era algo que ellos no podrían quitarme.

"Nos mudamos a una casa alquilada en un pueblo cercano y mi esposo comenzó un nuevo negocio. Recibimos una pequeña donación del fondo de beneficios para aliviar a los agricultores, que nos ayudó en la compra de víveres.

«Pero diez años más tarde —después de haber perdido la granja, viviendo en una casa alquilada, y después mudarnos con familiares por haber fracasado en los negocios— me encuentro enfrentándome a un divorcio. Nuestro matrimonio de treinta y cinco años no sobrevivió la tensión de todas nuestras pérdidas. Sin embargo, el Señor se ha mostrado fiel una y otra vez como mi proveedor y esposo, y Él continúa sosteniéndome.

«Yo no entiendo todo lo que me ha sucedido, o por qué ha sucedido. Pero esto entiendo, que esta tierra no es mi verdadero hogar. Jesús vive dentro de mí, y yo habitaré en Su morada para siempre, donde Él ha preparado un lugar para mí.

«Mi manto de esperanza es este verso: "Porque yo sé los pensamientos que tengo acerca de vosotros, dice el Señor, pensamientos de paz, y no de mal, para daros el fin que esperáis. Entonces me invocaréis, y me hallareis, porque me buscaréis de todo vuestro corazón... y os reuniré de todas las naciones y de todos los lugares adonde os arrojé" (Jeremías 29:11-12,14b).

Momentos difíciles temprano en la vida

Las pérdidas en la vida por lo general retan nuestra comprensión, en especial la muerte de un ser querido. Luce tan espantosa, tan definitiva. Para hacer la pérdida menos espantosa, la madre de una jovencita le dejó a su hija un legado de poner su confianza en Dios.

JoNell tenía doce años cuando su padre murió, un martes y fue enterrado dos días después. Un viernes en la mañana le dijo su mamá: "Jo, hijita, será difícil, pero tienes que regresar hoy al colegio. Tenemos que seguir viviendo. Tenemos que confiar que esto fue la voluntad de Dios para tu papá. Aún con lo difícil que es para nosotros, la voluntad de Dios será fiel".

Fue su primera experiencia con la muerte o una tragedia. Pero de la forma que su mamá ayudó a la familia a continuar viviendo fue una lección que se quedó con JoNell y la ha ayudado durante muchos momentos difíciles desde entonces.

«A partir de ese momento, yo estaba convencida que nada se le escapaba a la atención de Dios —dice JoNell—. Aunque nosotros no podemos comprender algunas situaciones, Dios es fiel, justo como mamá me lo dijo. Aunque yo tenía doce años, aún podía sentarme en las piernas de papá, y sabía que él era mi protector. Después de él morir, lo extrañé terriblemente, y en muchas ocasiones desee su presencia para sostenerme de nuevo y consolarme. Pero cuando mi mamá me aseguró que nuestro Padre celestial me amaba más que mi padre terrenal, yo supe que nunca más tendría que preocuparme de la dependencia divina. Yo también podía sentarme en Sus piernas.

«Después de la muerte de papá, me quedé en casa con mamá hasta que me casé a los veinte años. A través de los años observé como ella confiaba en Dios para todo. Ella me enseñó sobre el carácter de Dios sin darse cuenta. Los otros traumas que experimenté después de éste, fueron fáciles, a causa de la lección de la vida que aprendía de ella: Aún con lo difícil que sea para nosotros, la voluntad de Dios será fiel».

Venciendo el temor

Porque a menudo somos traumatizados por el temor cuando sufrimos pérdidas o dificultades, luchamos por mantener nuestro enfoque en el Señor y de recibir las fuerzas de Él. La escritora de devocionales Hannah Whitall Smith ofrece éste antídoto para el temor:

UNA GRAN PARTE del dolor de la vida viene por el acecho del "TEMOR AL MAL" QUE TAN A MENUDO NOS ACECHA. NUESTRAS vidas están llenas de suposiciones. Supón que esto sucediera, o supón que aquello sucediera; ¿qué podríamos hacer; cómo podríamos soportarlo? PERO, si estamos viviendo en la "GRAN TORRE" de la morada de Dios, todos estas suposiciones se desvanecen. Nosotros "tendremos descanso del temor al mal", porque ninguna amenaza de mal puede penetrar en nuestra "GRAN TORRE" de Dios. AÚN CUANDO andaba por el valle de sombra de muerte, el salmista pudo decir: "No temeré mal alguno"; y si estamos morando con Dios, podemos decir esto también.[2]

No hay sorpresas con Dios

El temor y la duda inundaron la mente de Millie mientras ella y su esposo manejaban rumbo al sur en una casa móvil rentada para ir a recoger a su suegro quien quedara viudo recientemente y a su hijo Donnie ya adulto, pero con retraso mental. Los hijos de Millie ya eran grandes, y ella era la única esposa de la familia que se "quedaba en casa", y que estaba disponible para atenderlos.

Justo dos días antes habían acordado que haría una habitación en la casa para el abuelo y Donnie, pero ella había tenido poco tiempo para prepararse.

En la carretera, mientras Millie comenzaba a agonizar con la incertidumbre de qué le esperaba, ella *ponía* la cinta de esta canción: *Cualquiera que sea mi suerte, Tú me has enseñado a decir, está bien, está bien con mi alma...* Y de alguna manera ella sabía que Dios la llevaría hacia adelante.

«Yo no estaba preparada en lo absoluto para Donnie, al principio, cuando vino a vivir con nosotros —dijo Millie—. Pero cuando él se dio cuenta de que podía llamarme "Ma" y que yo hacía por él todas las cosas que su mamá había hecho, él comenzó a ajustarse. Aprendí a llevármelo conmigo a todas partes que yo iba, igual que si fuese un niño. Tenía que vigilarlo para que no se perdiera, recordarle que usara el baño y se lavara las manos, y ordenarle repetidas veces que sacara los dedos de la nariz».

Aún cuando el abuelo murió, Donnie se quedó con Millie y su esposo. Ya hace diez años que ella ha sido una mamá substituta para Donnie, un hombre de cincuenta y siete años de edad con un comportamiento de un niño de tres a cinco años.

«No es siempre algo fácil el vivir con un niño perpetuo, en especial cuando él pasa por fases de enojos, testarudez y desobediencia, cuando no quiere comer o salir de la cama. Nosotros le llamamos "días de cocodrilo". Pero hemos aprendido a lidiar con lo que venga, y tengo cuidado de no pensar en "que tal si..." Mi vida está llena de amor y es enriquecida porque tengo a Donnie.

«Dios no nos permite escoger la cruz, Él espera que la tomemos a diario y la llevemos —dice Millie—. Primero Él arregla nuestras circunstancias, y luego suple la gracia y ayuda que necesitamos para hacer lo que Él ha puesto delante de nosotros para hacer».

Evelyn Christenson enfatiza la importancia de entregar todas las cosas a nuestro todo-sabio Padre:

PUEDE QUE OREMOS POR ALGO QUE NOS PARECE MUY BUENO, PERO DIOS SABE LOS "QUE TAL SI.." EN NUESTRAS VIDAS. ÉL CONOCE LAS CALAMIDADES QUE PUEDEN OCURRIR SI RESPONDE NUESTRAS ORACIONES EN LA FORMA QUE PENSAMOS NOSOTROS QUE ES MEJOR. ÉL TAMBIÉN CONOCE TODAS NUESTRAS SITUACIONES DIFÍCILES Y DESEA CAMBIARLAS EN ALGO TREMENDAMENTE BUENO.

...QUIZÁS TENDREMOS QUE LLEGAR AL CIELO ANTES DE PODER COMPRENDER ALGUNAS COSAS, PERO ES EMOCIONANTE EL RECONOCER AL PASO DE LOS AÑOS, QUE TODO HA OBRADO JUNTO PARA BIEN, SI EN REALIDAD LE HEMOS AMADO.

...CUANDO ORAMOS POR RESPUESTAS, ESTAMOS DEMANDANDO QUE DIOS HAGA ALGO Y LE ESTAMOS DICIENDO A ÉL QUE LO QUEREMOS HECHO AHORA, "JUSTO DE LA FORMA QUE LO DESEAMOS, SEÑOR". CUANDO LE ESTAMOS PRESENTANDO A ÉL NUESTRA PETICIÓN, LE ESTAMOS DICIENDO: "SEÑOR, HE AQUÍ LA NECESIDAD"... LUEGO LE PEDIMOS QUE ÉL NOS RESPONDA DE ACUERDO A SU CONOCIMIENTO OMNISCIENTE.[3]

Viendo lo invisible

Si en alguna ocasión alguna mujer tenía el "derecho" de estar amargada, era Fanny Crosby. Se quedó ciega siendo una infante, por causa de un tratamiento inepto del médico, creció en pobreza sin un padre, y a la edad de catorce años tuvo que abandonar el hogar para recibir una educación. Mientras enseñaba en una institución para ciegos, ella se casó con uno de sus colegas.

Fanny encontró la felicidad viviendo con su esposo en una pequeña villa, donde cuidó de su bebé y escribió poesías. Pero cuando el bebé murió y ella y su esposo se mudaron de regreso a un viejo apartamento en Nueva York, su tristeza la empujó al borde de la desesperación. El matrimonio al final terminó en separación, y el escribir sus poesías y hacer obras de caridad para la iglesia no podía llenar el vacío en su vida.

Entonces el pastor le presentó un músico que necesitaba a alguien que escribiera la lírica para la música que él componía. Ellos formaron una asociación y Fanny supo que había encontrado el trabajo de su vida. Ella nunca culpó a Dios por su ceguera; en su lugar, ella sintió que Él le ayudaba a cambiar su dolor en poesía y música.

Una historia cuenta de ella:

Ella estaba haciendo lo que amaba hacer, buscar el escuchar la música del cielo y ponerla en palabras del uso diario que la persona común y corriente pudiera cantar.

... Sus más amadas canciones fueron traducidas en muchos idiomas y aún adornan las páginas de muchos himnarios de iglesias. Durante los últimos cien años las personas han sido ganadas a Cristo, fortalecidas y consoladas mientras cantaban canciones favoritas como "Por su misericordia", "Con voz benigna te llama", "Es Jesús mi amante guía", "Ama a tus prójimos", y "En Jesucristo, el Rey de Paz". En lugar de destruir su vida, la ceguera de Fanny eliminó suficiente del mundo como para que ella pudiera escuchar la música del cielo. Ella dijo: "Sin vista, yo veo, y viendo, encuentro la visión del alma, por medio de mis ojos ciegos". Esa visión la fortaleció para trabajar hasta la edad de noventa y un años.[4]

Ayuda para el desierto

Podemos responder a los momentos difíciles de varias formas, pero Dean Sherman sugiere estas normas de qué hacer cuando estás pasando por un momento difícil:

- Con sinceridad dale gracias al Señor, por mostrarte las cosas que hay en tu corazón.

- Arrepiéntete, pidiéndole a Dios perdón por cualquier pecado o malas motivaciones. También puede que necesites pedirle a otros que te perdonen.

- Busca la ayuda de Dios para sobreponerte y crear nuevos hábitos y actitudes.

- Resiste al enemigo en sus intentos en tu vida.

- Nunca niegues que están pasando por una experiencia difícil.

- Nunca te sientas condenada por aquello que ha surgido durante tu experiencia en los momentos difíciles.

- Tan solo di: "Gracias, Dios, por mostrarme lo que estaba en mi corazón. Ahora voy a hacer algo al respecto".[5]

Oración

Señor, Tú ves la dificultad con la que estoy luchando ahora mismo. Es dolorosa. Por favor, dame de Tu paz en medio de esta prueba. Revela lo que está en mi corazón y ayúdame a lidiar con ello. Luego renueva mi mente, para ver la dificultad desde Tu perspectiva.

Me arrepiento por no tener un corazón agradecido. Señor, perdóname por quejarme y murmurar sobre Tu provisión en el desierto, al igual que lo hicieran los israelitas. Mi situación pudiera haber sido mucho peor. Gracias, Padre, por todo lo que Tu mano ha provisto. Estoy confiando en Ti para ayudarme a atravesar esta prueba hacia la victoria. Amén.

TRES

❦

Sanando el dolor familiar

Cuando pases por las aguas, yo estaré contigo, y si por los ríos, no te anegarán. Cuando pases por el fuego, no te quemarás, ni la llama arderá en ti. Porque yo soy el Señor tu Dios, el Santo de Israel, soy tu Salvador, a Egipto he dado por tu rescate, a Eiopía y a Seba por ti.

ISAÍAS 43:2-3

Estás de pie sobre un riachuelo con agua corriendo alrededor de tus tobillos. Las aguas que pasan por tu lado en ese momento, nunca las volverás a ver. Así es el misterio que ha retado tu vida. Déjalo ir, déjalo pasar corriendo a tu lado... Hay algo sobre el atravesar los dilemas y crisis que nos dejan descubrir las cosas sobre Dios que no hubiéramos podido saber bajo ninguna otra circunstancia.[1]

T.D.JAKES

*¿*Qué imagen viene a tu mente cuando escuchas la palabra *familia*? Para algunos es un álbum familiar lleno de recuerdos alegres y rostros sonrientes de la niñez; un padre, una madre y los hermanos, al igual que los abuelos, tíos, tías y primos, disfrutando tiempos especiales juntos.

Para otros, la palabra *familia* trae pensamientos de rechazo, desencanto, abandono, dolor o abuso; una lluvia de emociones negativas. Pero ya sea bueno, malo o indiferente, tu familia es posiblemente la principal influencia que moldea el tipo de persona que tú eres.

Nosotros encontramos uno de nuestros mayores gozos en las relaciones familiares. En tiempos de dolor o pérdida, su apoyo amoroso provee fuerza y consuelo. Pero, trae consigo, una de las pruebas más profundas que podamos experimentar en cuanto a crisis con nuestros miembros familiares, o en cuanto a conflictos dentro de la familia. El trato de Dios con la humanidad parece estar siempre dentro del contexto de la familia. Él envió a Jesús a la tierra para convertirse en uno de nosotros y experimentar el sufrimiento, para que nosotros pudiéramos tener la oportunidad de reconciliarnos con nuestro Padre Celestial. "Pues en cuanto Él mismo padeció siendo tentado, es poderoso para socorrer a los que son tentados" (Hebreos 2:18).

Aprendiendo a confiar en Dios

«Señor, estaré agradecida por lo que me des, pero me encantaría tener una niña» —oró Myrna mientras esperaba el nacimiento de su segundo hijo. A medida que continuaba orando a través del embarazo, ella sintió un día que Dios le habló: "Este bebé será una respuesta a tu oración". Ella interpretó que tendría una hija saludable, justo como lo había deseado. Ella no tenía idea del sufrimiento que le esperaba. Melinda nació con un peso normal y buen color, y no hubo dificultades en el parto. Pero Myrna y su esposo, Charles, vieron a su hermosa y pequeña bebé por poco tiempo, luego les dejaron esperando en el salón de parto durante seis horas. Cuando Myrna le pidió a las enfermeras que le trajeran al bebé, recibió respuestas evasivas que la dejaron dudando en cuanto a lo que había sucedido. Al fin un médico entró y le explicó que veinte minutos después del parto, Melinda había dejado de respirar. Una enfermera de casualidad notó que el bebé se estaba tornando azul y tomó acción inmediata para hacerla volver a respirar de nuevo. Por causa de la bebé haber tenido una convulsión, ellos supieron que había ocurrido algún grado de daño cerebral durante aquellos pocos segundos. Ella tendría que quedarse en cuidados intensivos para observación y tratamiento. El médico añadió, si la enfermera no hubiera notado el problema, Melinda posiblemente se hubiera sumado a ser un bebé más en las estadísticas de muertes de cuna.

Myrna apenas podía creer que el médico se estaba refiriendo a su bebé, que había lucido tan normal y saludable al nacer. Ella y Charles comenzaron de inmediato a clamar a Dios por la sanidad de su bebé. Después de dos semanas, el médico le dio el alta del hospital a Melinda con el diagnóstico: un caso leve de parálisis cerebral con tendencia epiléptica.

«Una enfermera vino a enseñarme cómo administrar el medicamento bajo un horario muy estricto para prevenir que Melinda tuviera más convulsiones —Myrna nos contó—. Con temor de que fuera a dejar de respirar de nuevo, yo me quedé despierta toda la noche las primeras dos noches para vigilarla, y no podía hablar con nadie sin dejar de llorar. La tercera noche Charles finalmente dijo: "Querida, nosotros tendremos que simplemente confiar en Dios para el cuidado de Melinda". La oración se convirtió en el centro de mi vida, mientras me volvía hacia Dios para que me ayudara a cuidar de mi bebé».

Por causa de la medicación para prevenir la convulsión, Melinda se desarrolló lentamente en varias áreas. Tal parecía que todo lo que ella hacía era reírse y dormir, casi como un adicto a las drogas.

«Mientras ella estaba endrogada de esa forma, me sentía que no había esperanza para desarrollarla a su mayor potencial —nos compartió Myrna—. A regañadientes el médico accedió a reducirle el medicamento, diciendo que si Melinda tenía alguna convulsión ellos le volverían a dar el medicamento con una dosis mayor. Pero una vez que el medicamento fue reducido, mejoró su desarrollo. Yo comencé a alabar a Dios por cada pequeño progreso que ella hacía».

Por causa de que su lado izquierdo fue afectado por el daño cerebral, Melinda necesitaba aparatos en los pies para aprender a caminar. En respuesta a la oración, Myrna encontró una instalación preescolar judía para niños minusválidos. A la edad de tres años, Melinda estaba caminando. Entonces vino el reto de en qué colegio matricularla.

«Ella tuvo que ser examinada minuciosamente antes de que pudiera ser aceptada en la escuela pública —reportó Myrna—. Nosotros orábamos para que pasara, y literalmente cada paso de su vida ha sido justo eso. Ella pasó cada uno de los exámenes».

A la edad de cinco años, Melinda tuvo una convulsión un día en el colegio, seguida unas semanas después por una alarmante convulsión de veinte minutos, en el auto, una tarde. No tuvieron otra alternativa que comenzar a medicarla de nuevo. Su problema con la visión la hacía propensa a tropezar y caerse, así que a la edad de ocho años ella sufrió una cirugía en su ojo izquierdo para fortalecerlo. Melinda continuó volviéndose más fuerte y capaz de hacer cosas por ella misma.

«Melinda tiene ahora doce años, no ha tenido otra convulsión, y su dosis es tan solo la cuarta parte de lo que fue anteriormente —dijo Myrna—. Pronto saldrá de esa medicación por completo. Pero padece desorden de deficiencia de atención, y la medicina que toma para eso le quita el apetito. Así que de continuo estoy tratando de que ella coma y mantenga su peso normal. También hemos tenido que luchar con su sufrimiento de pesadillas, pero a través de la oración han desaparecido.

«Cada noche paso varias horas ayudándola con su tarea, y a medida que aumenta el nivel de sus notas, se hace más difícil para ella. Ella está en séptimo grado ahora, y nunca ha tenido que repetir un grado porque no podía hacer su trabajo. Ella está dos años atrasada en su capacidad de aprendizaje, pero cuando está con otros niños de su edad, brilla en medio de ellos a causa de su seguridad en sí misma y habilidades sociales».

En ocasiones, cuando Melinda se desanima, Myrna le dice: "Melinda, tenemos que orar. Cuando estás luchando, tan sólo trata de concentrarte en el Señor y pídele a Él que te ayude". Entonces oran y alaban al Señor juntas, y Melinda está lista para seguir adelante. Cuando Myrna le dice que ella siempre tiene la opción de asistir a una educación especial para hacerle las cosas más fáciles, ella dice: "No, mami, yo deseo tratar un poco más".

Reflexionando en su caminar con el Señor, Myrna se da cuenta que estos difíciles años le han fortalecido en gran manera su vida de oración y aumentado su fe.

"Cuando yo acepté al Señor antes de casarme, recuerdo haberle pedido al Señor que me hiciera una mujer de gran fe —nos dijo—. No tenía idea lo que sería necesario para que esa oración fuese contestada. Deseo gritar desde los terrados, dándole gracias al Señor, por todo lo que Él ha hecho».

Estamos juntos en el asunto

Muchas personas consideran que el tener un bebé que sufre del síndrome de Down es una de las peores tragedias de la vida. De hecho, ya que los exámenes prenatales ahora pueden detectar el síndrome de Down en el vientre, muchos de estos embarazos son eliminados por medio del aborto.

En el caso de Karen y Monte, ellos no supieron hasta después del nacimiento de la criatura, que su hijo Jasón era un bebé mongólico. Pero ellos no habrían accedido a un aborto, ni tampoco le preguntaron a Dios el ¿por qué? de cualquier cosa que les hubiera ocurrido a ellos. Mientras hablaban de las implicaciones envueltas en el nacimiento de su hijo, Karen tan solo llegó a la siguiente conclusión: "Dios, Monte y yo estamos en esto juntos".

Hubo un período de sufrimiento sobre lo que pudo haber sido si hubiesen tenido un bebé normal. Pero luego, recibieron la paz de Dios.

«Yo no cambiaría a Jasón por un niño normal, porque él es quien Dios quiso que fuera y nadie más —ella nos escribió—. Esto nos lleva al viejo adagio: "Dios no hace basura". Él es perfecto a los ojos de Dios. Nosotros valoramos a las personas tan solo por lo que ellas valen a los ojos del mundo. Jasón está creado a la imagen de Dios, igual que todas las personas del mundo son creados a su imagen.

«¿Cuál es el gozo en tener un niño con necesidades especiales? —algunos pueden preguntar.

«Cuando usted tiene un niño con el síndrome de Down, se le dice que tiene que esperar que ese niño se desenvuelva en el nivel más bajo de la escala —dijo Karen—. Así que cualquier cosa por encima de eso es un paso gigantesco, un gran logro. Cada pequeña cosa que Jasón hace es un triunfo. Usted trabaja arduamente en la terapia para lograr esos triunfos, pero hay un gran gozo en ello".

Karen tiene una promesa de la Escritura para su hijo, basada en 1 Corintios 1:5: "Porque en todas las cosas fuisteis enriquecidos en Él, en toda palabra y en todo conocimiento". Ella ora ese verso sobre Jasón con regularidad para su habilidad en el habla y su conocimiento para mejorar. Ahora ella y su hija de siete años están orando juntas por Jasón para que mejore el melindroso apetito del mismo. Su familia ya ha orado por él durante una cirugía de colostomía por obstrucción intestinal, y luego del revés de la colostomía un año después.

A diferencia de muchos desórdenes congénitos, el síndrome de Down no es una condición terminal. El niño puede vivir una vida relativamente normal en el hogar, y en muchos casos ir a la escuela, aprender a leer y sostener un trabajo.

«Lo que es tan refrescante para nosotros, y pienso que para el Señor también, es su inocencia, cualidades como de niño —dijo Karen—. Todo lo que ellos hacen y dicen, incluso cuando son ya mayores, es precioso para el Señor. Nosotros, las personas "normales" perdemos eso cuando crecemos. Todas las respuestas a nuestras oraciones que hemos visto durante estos primeros cuatro años de la vida de Jasón, han aumentado nuestra fe.

Lidiando con la rebelión

Para una madre, el ver a sus propios hijos alejarse de la fe cristiana que ella buscó cultivar en ellos, trae consigo dolor y culpabilidad. Dondequiera que vamos, las mujeres piden oración y comparten su preocupación por un hijo o hija que se ha rebelado contra los caminos de Dios.

La experiencia que Shirley compartió conmigo (Ruthanne) sobre la rebelión de su hijo es un drama que escuchamos con demasiada frecuencia en las familias cristianas. Ella y su esposo Roger, han criado a sus hijos dentro de un fuerte marco de iglesia y fueron matriculados en colegios cristianos. Kevin, el mayor, era especialmente brillante y creativo. En ocasiones él retó la autoridad, aunque no de forma contenciosa. Básicamente él fue un muchacho que se portó bien.

Entonces, la familia se mudó de una ciudad a otra, y Kevin cambió de colegio a la edad de catorce años. Él se unió al nuevo grupo de jóvenes de la iglesia e hizo nuevas amistades allí, pero una nube de depresión pareció caer sobre él gradualmente. Él siempre había sido un buen estudiante, pero sus notas comenzaron a bajar mientras pasaba más y más tiempo con un grupo de amigos de afuera de la iglesia. Él comenzó a escuchar música rock fuerte, no cumplía con la hora de llegada y se volvió odioso, abusivo y beligerante hacia sus padres.

Shirley sintió que su hijo se estaba volviendo otra persona y ella y Roger se encontraban indefensos para detenerlo. Ella discutió el problema con el ministro de jóvenes, el único adulto con quien Kevin hablaría. Él la refirió a Joyce, una consejera cristiana. Shirley también buscó ayuda de la consejera, de cómo su esposo y ella debían manejar la crisis.

«Joyce me ayudó a ver que además del tratamiento profesional que Kevin necesitaba, éste era un proyecto de oración —Shirley dijo—. Ella me dio una copia de tu libro *Guerra Espiritual: Una guía para la mujer,* y mientras lo leía vi que estábamos en guerra con Satán por nuestro hijo. Entré a su habitación y quité afiches y álbumes de los grupos de rock que él estaba escuchando. Se puso furioso, pero mi esposo y yo le dijimos: "Tú sabes que estás mal, y no vamos a tolerar esto en nuestra casa".

«Comencé a prestar atención a lo que sucedía cuando Kevin estaba en casa, y un día le escuché arreglar la compra de drogas por teléfono. Cuando lo enfrenté y demandé que colgara el auricular, él tiró el teléfono, amenazó con huir de la casa, y salió como un bólido del cuarto en un ataque de enojo. Prendió un cigarro y comenzó a quemarse él mismo con éste, luego entró al baño buscando pastillas con las que podía tener una sobredosis. Llamé a mi esposo para que saliera del trabajo y viniera a la casa, luego llamé a la consejera, y nos dijo que lo llevásemos al hospital».

Del salón de emergencia, Kevin fue admitido a una sala psiquiátrica para evaluación. Shirley y Roger se quedaron completamente horrorizados cuando el médico les dijo que

Kevin había estado envuelto en drogas por algún tiempo y que tenía tendencias suicidas. El escuchar la música del rock tan sólo aumentó su rebelión contra toda autoridad, y luego de ver películas donde las personas se mutilaban, él había comenzado a hacerse daño a sí mismo. Él le dijo a los médicos que él odiaba a sus padres y que deseaba morir.

El pasar una semana en la unidad psiquiátrica y al ver la condición de otros pacientes allí, fue como una llamada de alerta para Kevin. El médico lo puso bajo medicación para la depresión y mejoró ese verano de forma gradual. Pero él continuó vistiéndose y comportándose como las estrellas del rock duro metálico que deseaba imitar, incluso usando maquillaje. Un muchacho en el grupo malo de amistades que estaba obsesionado con Kevin, siguió persiguiéndolo y prometiéndole formar una banda de rock y producir un álbum. Era difícil para Kevin resistir, pero continuó viendo a la consejera durante el verano.

A medida que se acercaba el comienzo de las clases, la gran presión de tratar de vivir en dos mundos venció a Kevin. Cayó de nuevo en profunda depresión, y accedió a entrar a un hospital psiquiátrico para ser tratado durante un mes. Mientras su hijo estaba hospitalizado, Shirley de nuevo registró minuciosamente su habitación y quitó y destruyó toda parafernalia de rock metal. Ella oró dentro de su habitación, ungiendo con aceite la cama, el escritorio, la silla y el toca discos, mientras lo hacía.

«Después que Kevin salió del hospital y entró al colegio, el Espíritu Santo me mostró de forma fiel, cuando yo necesitaba revisar algo y me guiaba cómo debía orar —dijo Shirley—. Un día me sentí impulsada a revisar el baño y descubrí que Kevin había estado usando cocaína. Nuestro ministro de jóvenes había renunciado y se había mudado, cosa que pareció haber lanzado a Kevin en un torbellino hacia un abismo. Entonces se reunió con sus viejos amigos de nuevo, y el muchacho que lo estaba persiguiendo le suministró a él una sobredosis de LSD».

Esa mala experiencia con el ácido lo llevó a una visita al hospital y fue el punto decisivo en la batalla espiritual. Shirley y Roger corrieron al salón de emergencia después de recibir una llamada telefónica a las 3:00 a.m. y encontraron a Kevin amarrado a la cama. Los médicos les dijeron que tenían suerte de encontrar a su hijo con vida, si otro joven en la fiesta no lo hubiera traído al hospital cuando sus "amigos" no hicieron nada para ayudarlo, él habría muerto de una sobredosis. Y de forma milagrosa él no sufrió daños al corazón.

Después de estar tan cerca de la muerte, Kevin se dio cuenta que necesitaba buscar del Señor con sus problemas. Las personas que él pensó que eran sus amigos le hubieran dejado morir. Él vio la preocupación de sus propios padres, en contraste con las actitudes de otros padres que él conocía y que sabían que sus hijos estaban tomando drogas, pero no hacían nada para detenerlos, y tal parecía que no les importaba.

«Con el tiempo, Kevin está cambiando su actitud, su apariencia y sus amigos —Shirley reportó—. Él aún lucha con la tentación, pero tiene sus ojos puestos en el Señor en lugar de tenerlo en las malas amistades. Él está tocando guitarra en una banda cristiana y teniendo de nuevo buenas notas; él sabe que su educación es algo importante. Se puso muy contento cuando supo que había sido escogido para participar en un estudio de discipulado intenso junto a un nuevo pastor de jóvenes. Con lo terrible que ha sido esta experiencia, también hemos visto bendiciones en ella. Dios *ha* sacado bien del mal».

Dos verdades básicas para los padres de hijos pródigos: Primero, tan solo Dios conoce cuando el corazón pródigo está listo a renunciar a la rebelión y ceder a Su gracia. Y segundo, debemos sacar fuerzas de Dios para ayudarnos a mantener nuestra esperanza firme en Él, en lugar de tenerla en los problemas de la angustia familiar.

La trampa del enemigo

María es una madre amorosa que crió a sus hijas en la iglesia e hizo lo mejor posible para inculcar valores santos en ambas. La hija mayor aceptó al Señor a una edad temprana, pero por alguna razón, Katy, la menor, comenzó a experimentar con las pastillas a la edad de once años. Luego, por medio de amigas, que conoció en el colegio, subió a la mariguana y hacia una alteración mayor del ánimo, y drogas que controlan la vida humana. Los próximos años estuvieron llenos de ansiedad para toda la familia, mientras iban de un consejero a otro buscando solución.

A la edad de diecisiete años, Katy entró a una residencia secular bajo un programa de rehabilitación, del cual salió sin tocar drogas por seis años. Durante este tiempo ella obtuvo su Diploma de Educación General, y siguió a completar su título universitario en Inglaterra. Pero hacia el final de su estadía en el exterior, ella comenzó a tener sueños con un novio de su adolescencia, que usaba drogas. No pasó mucho tiempo y después de regresar a los Estados Unidos, se encontró con este viejo novio.

«Ambos estaban atrapados en la trampa del enemigo —escribió María—. Katy comenzó a usar drogas de nuevo y aumentó con rapidez. Pronto, todo por lo que ella había trabajado tan arduamente se esfumó: el auto, muebles, ropas, dinero y la autoestima. También perdió la confianza de su familia y amistades, porque para poder sostener el hábito, ella llegó a robar muchas cosas de nosotros».

Mientras el torbellino hacia el abismo de Katy se aceleraba, su peso bajó a ochenta libras, y fue a la cárcel varias veces por posesión de drogas. Mientras tanto, María estaba asistiendo a los estudios bíblicos y teniendo grandes progresos en su comprensión de las Escrituras y del poder de la oración.

Ella fue impresionada por el relato de la viuda que le dio hospedaje al profeta Elías, y luego sufrió la muerte de su hijo. La viuda trajo su hijo a Elías, quien se lo quitó de los brazos, lo llevó al segundo piso y oró por él, y Dios restauró la vida del niño. María se aferró en especial a las palabras de 1 Reyes 17:23: "Y Elías tomó al niño, lo bajó de la cámara alta a la casa y se lo dio a su madre..."

Durante dos años María oró intensamente por su hija, esperando experimentar el fin de la historia, recibiendo a su hija de regreso con vida. Durante ese tiempo tal parecía que Dios le pedía que le entregara a Katy por completo para que Él pudiera dársela de regreso. Pero María luchaba con esto.

«Yo oraba para que Él la ayudara, pero que no le hiciera daño —ella reportó—. Al fin, pude decir desesperada: "Lo que tengas que hacer, Señor, cualquier cosa. Tan solo tráela a Ti". Yo me pasaba mis fines de semana en oración, postrada ante el Señor, a favor de Katy. Luego, durante la semana, yo dependía de la gracia y el amor de Jesucristo a cada instante, para poder realizar mi trabajo y funcionar en el mundo día a día. Fue durante este tiempo que mi relación con el Señor profundizó de forma significativa. ¡Literalmente, Su Palabra me mantuvo viva!»

La culminación de la atribulada oración de María comenzó una noche cuando no había sabido de Katy ya por varias semanas. Ella llamó a un grupo de hombres jóvenes en un ministerio cristiano en Nueva York, quienes habían ayudado en particular durante esta larga tribulación, y les compartió su preocupación. Ellos prometieron orar durante la noche por María y por Katy. Esa misma noche, seguro por causa de las oraciones, Katy fue recogida por la policía.

María ya había pasado por momentos difíciles teniendo que rehusar las llamadas de Katy pidiendo ayuda, porque sabía que su hija estaba evadiendo a la policía. En una ocasión, ella incluso reportó a Katy por robo y puso en sobreaviso a la policía en cuanto a su paradero. Pero ahora comenzaba lo que María llamó su "mayor pesadilla". Ella asistió a la audiencia para fianza de Katy y vio a su hija ser llevada frente al juez, esposada y encadenada, cuando la visitó en la cárcel.

"Por dentro, estaba gritando: No puedo continuar con esto —dijo María—. Pero el Señor me sostuvo cuando mis piernas se debilitaron y mis emociones llegaron a su límite. Mientras estuvo encarcelada, Katy aceptó al Señor y caminó con Él por un tiempo después de haber salido de la cárcel, pero luego volvió a caer. La próxima vez fue hallada culpable y se presentó para ser sentenciada, le pidió a la corte ser enviada a un centro de rehabilitación cristiano, y ellos estuvieron de acuerdo. Esto tuvo que haber sido como resultado de un volumen de oraciones a su favor.

«Ella ha completado dos fases del programa de rehabilitación, más una fase de reingreso, y ahora tiene empleo y está bien. Katy me ha dicho muchas veces que ella sabía que Dios la estaba persiguiendo durante el tiempo que se mantuvo alejada de Él, cuidándola, manteniéndola viva, enviando personas y situaciones a su vida para darle una oportunidad de responder. Yo aún no he conocido a un adicto a drogas o alcohólico que se haya recuperado y que no dé testimonio del hecho de que ellos sabían que alguien estaba orando por ellos, o no podrían estar vivos».

¿Qué tal del temor de otra recaída? El hilo que sostiene la vida de oración de María es este verso de la Escritura: "No tendrá temor de malas noticias; su corazón está firme, confiado en el Señor. Su corazón está seguro, confiado en el Señor" (Salmo 112:7-8a).

María, ahora trabaja en un programa de rehabilitación de drogas, ayudando a las muchachas jóvenes a romper la atadura de las drogas y el alcohol. Debido a sus difíciles experiencias, ella se encuentra equipada de forma única frente a las madres de estas jóvenes que llaman pidiendo ayuda.

«Yo nunca olvidaré el dolor —dice ella—. Estas mujeres necesitan de alguien que se pare a su lado, como yo tan desesperadamente lo necesité, y estoy agradecida de que Dios puede usarme de esta forma».

Cuando los hijos adultos regresan al hogar

En estos días, vemos crecer el número de madres que dejan a un lado sus deseos personales y planes para ayudar a sus hijos adultos, a menudo cuando esos mismos hijos están cosechando el fruto de su propio mal juicio o rebelión.

Una mamá, Peggy, vio el matrimonio de su hija mayor fracasar, a pesar de sus oraciones. Cuando la hijo tuvo el divorcio y se mudó de regreso al hogar con su pequeño hijo, el niño sufrió un gran trauma en la dura prueba. Peggy escogió dejar a un lado sus propios planes y junto a su esposo, aceptar el papel de ayudar a criar a su nieto. Luego, unos años más tarde, su hija menor se divorció después de tres años de abuso en el matrimonio. Ella no tuvo hijo, pero también se mudó de regreso al hogar. Ambas hijas pasaron períodos de enojo donde se volvieron contra Dios, cosa que puso gran presión en las relaciones de ellas con sus padres.

Peggy comparte algunas normas de cómo ella aprendió a lidiar con estas dolorosas circunstancias:

1. Tuve que ser *honesta*, confesar mi enojo, temor y desengaño; hablando primero con el Señor, luego con mi esposo y algunas amigas cercanas.

2. Usé de las Escrituras dadas durante el tiempo cuando buscaba del Señor, para sacar fuerzas y consuelo, y como armas en la batalla de oración.

3. Al fin aprendí a dejar de preguntar: "¿Por qué?", y a aceptar el hecho de que la vida no es perfecta, pero que Dios es un redentor y restaurador.

4. Recordé las promesas de Dios dadas a mí, cuando veía que nada cambiaba en el mundo natural. Escribí y me sostuve de palabras proféticas del Señor y las usé para edificar mi fe.

5. Aprendí a perdonar cuando me sentí violada, y a amar cuando pensé que estaba herida. Pero esta habilidad de

perdonar, y de amar sin condiciones, surgió tan solo a través de intensas oraciones.

«Dios me mostró que Él no nos exime del dolor y los problemas; pero Él está cercano al humillado —dijo Peggy—. Tarjetas y llamadas telefónicas de personas que oraron por nosotros fueron de gran consuelo. En mi tiempo de oración, la voz suave, y pacífica de Dios me dio palabras de ánimo y revelación. Él me dijo de forma específica, alrededor de dos años antes de estos acontecimientos, que una tormenta se avecinaba. Por momentos en la tormenta, cuando no podía escuchar Su voz, al menos tenía la seguridad de que Él sabía por lo que estábamos pasando. Aprendí que confiar en Dios en la obscuridad produce paciencia y perseverancia».

Después de varios años la hija mayor volvió a entregar su vida al Señor. Ahora, ella está casada con un hombre que es un padre sabio y amoroso para su hijo. La recuperación de la hija menor, del dolor emocional y la depresión está tomando más tiempo, pero ella también está siendo restaurada.

«Esta experiencia me ha enseñado que no puedo manipular a Dios por medio de la lástima propia, llorar o culpar a otra persona —concluyó Peggy—. Él *honra* la fe que se produce por medio de Su Palabra y nos enseña a usar de ella».

Los derechos de un padre

Otra difícil consecuencia del divorcio que traumatiza a muchas familias cristianas es el asunto de la penosa batalla sobre la custodia del hijo. Teresa nos escribió sobre su experiencia en compartir la custodia de su hijo Danny de cinco años de edad con su ex esposo. La corte de divorcio en su estado le da igualdad de tiempo a los padres con sus hijos menores de edad, así que Danny vivía con su padre tres días cada semana, luego cuatro días con ella.

Pero tal parecía que Danny estaba sufriendo por causa de estar mudándose de continuo de una casa para la otra y nunca sentía que él pertenecía a ningún lugar. Teresa y su nuevo esposo estaban teniendo su buena porción de tiempo con Danny, ¿pero era este arreglo justo para él?

«Mi peor pesadilla era que pudiera perder a mi hijo —ella dijo—, pero después de orar sobre el asunto, al fin reuní el valor de contarle a mi ex esposo mi preocupación. Ninguno de nosotros deseaba ceder el tiempo con Danny, y yo no deseaba ir a los tribunales, ya que el juez podía dictar su fallo a favor de cualquiera de los dos. Todo pensamiento sobre la posibilidad de perder a Danny me enfermaba y me sacaba las lágrimas. Estaba desesperada por escuchar de Dios y tener alguna paz».

Mientras Teresa continuaba en oración, el Señor le mostró que su situación era muy parecida a la historia de la Biblia de dos mujeres que trajeron a un bebé delante del Rey Salomón y le pidieron que decidiera su desacuerdo sobre quién era la verdadera madre. Él propuso dividir al bebé en dos y darle una mitad a cada mamá. Una de las mujeres protestó, insistiendo que el niño se le diera a su adversaria, cosa que por supuesto le reveló al rey que en realidad ella era la verdadera madre (ver 1 Reyes 3:16-28).

«Se me hizo claro que una mamá que ama y desea lo mejor para su hijo debe escoger para él la vida; aunque esto signifique el no poder criarlo ella. Comprendí que mi hijo estaba siendo rasgado en dos. Fue muy difícil, pero sabía que tenía que poner a un lado mis deseos personales y hacer lo que era mejor para Danny.

«Después de mucha oración y con llanto buscando en mi alma, le dije al Señor que si yo tenía que dejar ir a mi hijo para que viviera con su padre, lo haría. Cuando llamé por teléfono a mi ex esposo de nuevo para tratar de llegar a algún acuerdo, tuvimos una gran discusión; pero al final, él permitió que Danny viviera conmigo. ¡Qué milagro! Tan solo Dios hubiera podido cambiar el corazón de este hombre y hacer que él estuviera dispuesto a ceder sus derechos de esta manera. Por medio de esta experiencia he aprendido que Dios honra la integridad y que nada es demasiado difícil para Él».

Cambiando los papeles

Cambiar los papeles con nuestros propios padres es una de las transiciones de la vida en la que la mayoría de nosotros en raras ocasiones pensamos, hasta que nos encaramos con ella. No tan solo consideramos a los padres como personas autosuficientes, a menudo hemos buscado en ellos ayuda a través de los años. Para mí (Ruthanne) y mi esposo, John, fueron sus padres los que primero necesitaron nuestra ayuda.

Después que mamá y papá Garlock se mudaron a Texas seguido de la muerte de su hija en California, ellos fueron relativamente autosuficientes por casi cuatro años. Entonces la salud de papá se deterioró y fue difícil para mamá cuidar de él, así que compramos una casa más grande y los mudamos a ellos a nuestra casa. Esto requirió de ajustes difíciles no tan solo para ellos, sino también para John y para mí y nuestro hijo adolescente, que estaba luchando con sus propios problemas en ese momento. También creó una enorme tensión financiera.

Ya que el manejo de la casa cayó sobre mis hombros, yo estaba preparando alimentos cuatro o cinco veces al día, además de lavar la ropa, limpiar, servir de chofer, y hacer las compras. El tratar de coordinar el itinerario para las comidas, luego cocinar para complacer el gusto de todo el mundo, revelaba justamente cuánto necesitaba desarrollar el fruto de la paciencia.

En el momento, yo estaba encabezando un equipo de editores para abreviar un clásico puritano del siglo diecisiete sobre guerra espiritual, y ponerlo en un inglés contemporáneo. En realidad, tal parecía que tenía que luchar por cada minuto que podía trabajar en el proyecto.

En medio de esos momentos difíciles cuando clamaba a Dios para que cambiara mis circunstancias, Él me habló por medio de Isaías 45:3 "Y te daré los tesoros ocultos, y los secretos muy guardados, para que sepas que soy yo, el Señor, el Dios de Israel, que te pongo nombre". Aprendí que para que esos tesoros fueran míos, yo tenía que cambiar mi actitud y someterme a Su disciplina, igual que como las Escrituras me lo decía de Jesús: "Y aunque era Hijo, aprendió obediencia por lo que padeció; y habiendo sido hecho perfecto, vino a ser fuente de eterna salvación para todos los que le obedecen" (Hebreos 5:8-9).

Yo siempre había tenido una buena relación con mis suegros, pero viviendo con tres generaciones bajo un mismo techo no era fácil. Al fin, mientras la enfermedad de Alzheimer debilitaba a papá, lo instalamos en un hogar de cuidados de ancianos, y mamá deseaba mudarse de regreso al complejo de retiro. Vendimos la casa grande y nos mudamos a una más pequeña, y nuestro hijo se fue a estudiar a la universidad.

Después de la muerte de papá, unos seis meses más tarde, mamá sintió que ya no tenía razón para seguir viviendo, y su salud comenzó a debilitarse. El leer una Biblia de letra grande era su mayor gozo, pero con el paso del tiempo su vista se deterioró y poco a poco esto se hizo también imposible, en ocasiones se ponía enojada por estar aún con vida. Nosotros tuvimos que tomar más y más responsabilidades en el cuidado de ella.

Cuando mamá tuvo una batalla con la bursitis que la sentó en una silla de ruedas, la trajimos a nuestra casa para cuidarla mejor. Pero ella se desorientaba y confundía el día con la noche, así que no podía dejarla en casa sola, ni siquiera durante el tiempo que toma el ir a comprar alimentos.

Cuando mamá cumplió noventa y dos años y seguía empeorando, al fin tomamos la dolorosa decisión de mudarla para una casa de cuidados de ancianos. Siendo tan fieramente independiente, ella no podía admitir que necesitaba el nivel de cuidado que le ofrecía el hogar de cuidados de ancianos, ni se ajustaba a las facilidades. Su compromiso era a regañadientes y en ocasiones amargo.

Poco tiempo después de mudarse, mamá se cayó y se rompió una cadera y fue hospitalizada para reemplazar la cadera con cirugía. Ella no tenía memoria del accidente, rehusaba creer que se había caído, y estaba convencida que los empleados del hogar de cuidado de ancianos la habían enviado al hospital para castigarla, y que nosotros éramos responsables de todo el problema. Este incidente fue tan solo el comienzo de nuestra penosa odisea de supervisar el cuidado de mamá en el hogar de cuidados de ancianos, sin llevar una carga intolerable de culpa.

Durante los siguientes siete años ella sufrió tres cirugías mayores más y numerosos viajes al hospital. Todo el tiempo uno de nosotros la visitaba casi a diario siempre que no estábamos viajando, llevándole regalos para complementar sus comidas, leyéndole Escrituras y orando con ella. Siempre nos reconoció, y en ocasiones respondía bien, pero con el tiempo llegó el momento donde rara vez conversaba en absoluto. Muchas, muchas veces, abandonamos el lugar con lágrimas, pidiéndole a Dios que le concediera a mamá los deseos de su corazón de dejar este mundo y estar con Él.

Tuvimos oportunidades de ministrar a otros residentes en el hogar. John guió a una de las vecinas de mamá en oración para recibir al Señor, justo unos días antes de morir. Cuando él leía de la Biblia y le cantaba a mamá, otros residentes gustaban de reunirse afuera de la puerta de su cuarto a escuchar. Con claridad, no podíamos decir que comprendíamos los propósitos de Dios; tan solo teníamos que confiar en Su sabiduría y Su tiempo. A menudo pensé en el verso: "Y así como está decretado que los hombres mueran una sola vez y después de esto el juicio" (Hebreos 9:27). ¡Tan solo Dios conoce el tiempo de esa cita!

Para cuando mamá cumplió noventa y nueve, John había renunciado a su puesto de maestro en el Colegio Bíblico de

Dallas y estábamos construyendo una casa nueva, a más de doscientas millas de distancia. De nuevo, nosotros no comprendimos en el momento de esta decisión, pero definitivamente íbamos a seguir la guianza del Señor.

Unas pocas semanas después que nos mudamos, y tan solo dos días después de la última visita de John a ella, Ruth Eveline Garlock murió apaciblemente en su sueño. "¡Al fin iba a tomar el viaje de la vida!" Le dije a mis muchas amigas que habían orado por ella. Recibí la noticia de su muerte, justo después de haber dejado a John en el aeropuerto para su viaje misionero a Asia. La aerolínea lo interceptó cuando llegó a San Francisco, y voló de regreso a Dallas en lugar de seguir a Singapore. Fue cercano, pero el tiempo de Dios es perfecto.

El servicio memorial de mamá fue una celebración de su vida. A la edad de veinte y tres, ella había navegado sola a Liberia, África Occidental, dejando una carrera como maestra de escuela para responder al fuerte llamado que ella sintió de parte de Dios. Ella y papá se casaron en Liberia y juntos tuvieron sesenta y cinco años de ministerio como misioneros en África y como pastores en varias iglesias en los Estados Unidos.

Su amor por las Escrituras y su agudas habilidades de comunicación hicieron de mamá una excelente maestra de Biblia. Durante el término de una misión ella ayudó a crear un alfabeto y comenzó la traducción del Nuevo Testamento al idioma Dagomba para las personas de la región del norte de Ghana. Después de descubrir que este idioma no tenía una palabra que expresara la idea de la crucifixión, mamá analizó el vocabulario para encontrar una solución. Tomando la palabra para *pacto* y la palabra para *madera*, ella creó una palabra para cruz, *dapuli*. Es la palabra que ahora los cristianos usan en esa región.

Toda su vida fue un ejemplo de total compromiso al Señor y de una tenacidad a confiar en Él en medio de los momentos difíciles. Su legado sigue viviendo en sus descendientes y en los miles de personas que ella influenció, pero yo estoy en especial agradecida por ser parte de su legado. Ahora, he heredado algunas de sus bien marcadas Biblias, y varias de sus libretas llenas de notas meticulosamente escritas de lecciones bíblicas que ella usó.

Al mirar atrás a esos años de cuidado, dudando y orando, puedo decir con certeza: *¡Sí!* En realidad Dios me ha dado los tesoros escondidos.

Oración

Gracias, Señor, por escucharme cuando clamo a Ti, y porque Tus promesas están con nuestra familia en nuestras situaciones de dolor. Estamos confiando en que Te mostrarás fuerte como nuestro Libertador y que extenderás Tu misericordia sobre todos nosotros. Gracias por Tu gracia que nos ha traído hasta aquí, y por el amor que une a nuestra familia. Nosotros te ofrecemos el sacrificio de alabanza en medio de nuestros momentos difíciles, sabiendo que Tú recibirás toda la gloria al final. Amén.

CUATRO

Adversidad en el matrimonio

*Nada hagáis por contienda o por vanagloria, antes bien
con humildad, estimando cada uno a los demás como
superiores a él mismo; no mirando cada uno por lo
suyo propio, sino cada cual también por lo de los otros.*

FILIPENSES 2:3-4

Por lo general el casarse significa ser transplantado.
Siempre significa ceder poder.

...El amor significa darse a sí mismo. Darse a sí mismo
significa sacrificio. Sacrificio significa muerte. Esas son
algunas de las cosas que yo he dicho. Lo saqué del
minucioso y eternamente confiable "libro de Recursos".
El principio de ganar perdiendo, de gozar por medio de
la tristeza, de recibir dando, de lograr al dejar a un lado,
de la vida que sale de la muerte es lo que ese Libro
enseña, y las personas que lo han creído lo suficiente
para vivirlo con simpleza, humildad, practicándolo día
a día, son personas que han encontrado ganancia, el
gozo, el recibir, el logro, la vida. Yo en realidad lo creo.
"Señor", le pedí, "ayúdame a vivirlo".[1]

ELISABETH ELLIOT

*L*a mayoría de las novias esperan el día de su boda con lentes color de rosa, soñando con un futuro feliz con el señor Maravilloso.

Pero, tarde o temprano, los recién casados se despiertan para ver los errores en sus cónyuges, que antes no notaban. Los sueños le dan paso a la realidad de que la felicidad no sucede de forma automática. Aprender a comunicarse con claridad, ajustarse a las necesidades del uno al otro, y dejar a un lado los deseos egoístas son tan sólo unos cuantos requisitos para una relación saludable.

Para sobrevivir a los vientos de la adversidad, el matrimonio necesita de un compromiso que no se tambalee con facilidad frente a las tormentas de la vida. Cuando me preparaba a escribir este libro, estábamos circulando una encuesta sobre "tiempos difíciles" a más de cien mujeres. Deseábamos saber qué áreas de dificultad han creado los mayores problemas a las mujeres cristianas.

El número uno fue *conflictos en el matrimonio*; el número dos fue *el lidiar con varios desencantos con los hijos*. Estos resultados tan solo confirmaron lo que las respuestas de nuestros lectores y seminarios nos habían indicado con anterioridad.

En el momento que nos casamos puede que no pensemos de forma consciente: *Ahora voy a ser feliz porque el ser que amo no tan solo me ama a mí, sino que está comprometido conmigo.* Sin embargo, la idea se sobreentiende. Por supuesto, esto nos prepara para el desengaño; ningún ser humano tiene el poder de garantizar la felicidad de otra persona.

Cada pareja trae a su relación sus propias expectaciones para el matrimonio. Cada uno también trae su propio "bagaje" emocional y cultural de su pasado que afectan cómo él o ella contribuyen a la relación. No importa lo bien que pienses que conoces a la otra persona; aún si hubieran tenido intimidad sexual o vivido juntos antes del matrimonio, la rutina diaria de la vida revela cosas sobre el cónyuge que tú nunca habías visto antes.

Cuando surgen estas diferencias, puede que te preguntes, ¡cómo se unieron los dos para empezar! Las estadísticas indican que los matrimonios cristianos no tienen menos problemas que ningún otro. Y es descorazonante ver a muchos cristianos tomar la opción del divorcio porque el trabajar en la solución es tan doloroso.

Pero con la ayuda del Espíritu Santo, un matrimonio difícil puede convertirse en un laboratorio en el cual el amor de Dios tiene el poder de traer sanidad. En el proceso, ambos en la pareja, si están dispuestos a cooperar con Dios, sufrirán cambios, y crecerán más fuertes en su camino con el Señor. No es un camino fácil, pero la jornada hacia la sanidad puede comenzar aún cuando tan solo uno de la pareja tome la iniciativa.

Los problemas dan paso a la oración

Nuestra amiga Sara encontró que la oración la capacitaba para lidiar con las dificultades en su matrimonio. Ella y su esposo Wayne, eran cristianos, pero la base de su unión se estaba tambaleando. Cuando se casaron, Sara no se dio cuenta que él estaba atado al perfeccionismo y que necesitaba sentirse en control, en parte por haber sido criado por padres alcohólicos. Si él se sentía fuera de control en una situación, explotaba con enojo. Ella procedía de un hogar abusivo, y luchaba con la inseguridad y el rechazo, terreno fértil para que el enemigo tratara de destruir sus relaciones.

Mientras sus hijos estaban aún muy jóvenes, Sara entró en una verdadera relación íntima con el Señor y comenzó a recibir sanidad para sus problemas. Entonces determinó pararse en la brecha por su matrimonio.

«Separé un tiempo especial para pasar en mi gabinete de oración, muy temprano cada mañana, antes de que se levantase mi familia —dijo ella—. Allí me encontraba con Dios en alabanza y adoración, intercesión y guerra espiritual. En ocasiones tan solo el vivir con Wayne era tal batalla espiritual que yo quedaba exhausta físicamente cuando llegaba el momento de orar, casi sin poder obligarme a salir de la cama.

«Cada mañana, pasaba casi dos horas en oración. ¡Y la estrategia funcionó! Para cuando había terminado, estaba tan llena del amor de Dios, la aceptación y la unción, que podía enfrentarme a cualquier reto que se me encarara ese día. Cuando nuestros hijos llegaron a ser adolescentes, el ataque del enemigo en contra de ellos fue feroz. Tan sólo la oración y la intervención de Dios fue lo que los preservó».

Sara vivía para tener estos momentos de oración cada día. A medida que sus hijos crecieron, ella pudo pasar más tiempo a solas con Dios y aprender a escuchar Su voz. También creció en discernimiento, autoconfianza y audacia.

«Por medio de escuchar lo que el Señor tenía que decirme, tanto durante mi tiempo de oración como a través de la lectura de la Palabra, me convertí en una persona segura —ella nos dijo—. Lo que fuera que mi esposo no podía ofrecerme, el Señor me lo proveía por medio de Su amor que se derramaba dentro de mí. También, Él me reveló cómo amar y orar por Wayne de forma más efectiva».

Dios y Sara, literalmente, se convirtieron en un equipo.

Durante doce años ella oró por lo que ella llamó su "milagro de Navidad", una victoria en su relación con Wayne, que ella sentía que el Señor le había dicho que vendría en Navidad. Después de doce años buscando su cumplimiento, Sara estaba a punto de poner a un lado sus esperanzas.

Un día de octubre, ella oró: "Jesús, yo sé que he creído en ti, y cada año y cada Navidad esperaba que me iba a traer mi milagro. No lo he visto suceder, así que este año voy a poner a un lado mis expectativas y darte las gracias porque mi milagro sucederá en algún momento en el futuro".

De momento ella sintió que el Señor le susurraba con suavidad claramente en su corazón: *"Yo pensé que tú deseabas que viniera en Navidad".*

"¡Sí, Señor, sí, por supuesto que deseo que venga en Navidad! Nunca he dudado que tú lo harás algún día", Sara respondió con gozo.

Pocas semanas después en el servicio de la víspera de la Navidad, mientras su pastor estaba orando por la congregación, Sara sintió el poder de Dios sobre ella y Wayne mientras estaban de pie uno junto al otro.

«Fue como si yo viera y sintiera en el Espíritu un ancla que nos unía —ella dijo—. Me abracé con fuerza a Wayne, y supe que algo maravilloso estaba pasando en el espíritu, como si Dios estuviese haciendo de ambos uno en Él. Al día siguiente, mientras manejaba en mi auto, le pregunté a Dios lo que esto significaba. Yo esperaba una manifestación más tangible en mi milagro. Cuando encendí el radio, la primer canción que escuché fue *Esto es, esto es tu milagro. Esto es, lo que has estado esperando...*

«Dios trajo mi milagro, pero se necesitó de nueve meses más para que se cumpliera su evidencia en la personalidad de Wayne. Con el tiempo él se volvió más amoroso y tierno, mostrando preocupación por mis necesidades. Dejó de ignorarme cuando yo necesitaba hablar con él. Hace poco, estábamos comprando juntos y la cajera preguntó: "¿Ustedes son recién casados? Se tratan y se hablan como recién casados".

«Nosotros hemos estado casados durante veintinueve años, y ahora tenemos una relación bíblica hermosa. Oramos juntos cada mañana, ayunamos juntos una vez por semana, y cada noche invocamos las Escrituras sobre nuestros hijos. ¡Mi esposo está sano, y creciendo más apasionado en su amor para el Señor (y para conmigo) cada día!»

Encontrando fuerzas en Dios

Sara sabía que sus propios esfuerzos para cambiar a Wayne eran inútiles.

1. Sus oraciones y guerra espiritual abrieron el camino para que el Señor cambiara el corazón de piedra de su esposo. Dios no sobrecoge el libre albedrío de un hombre, pero la oración es la fuerza más grande que trae a una persona al punto de desear cambiar.

2. Ella encontró su fuerza en Dios, y permitió al Espíritu Santo que cambiara las actitudes y comportamientos que era necesario cambiar para traer sanidad a su propio corazón.

La autora y consejera Paula Sandford confirma esta verdad en su libro *Healing Women's Emotions*:

Tú no puedes salvar o cambiar a tu esposo. Ese no es tu trabajo. Tan solo Jesús mismo es poderoso lo suficiente como para transformar vidas. La bondad de tu amor puede ser amenazante para él, porque le hace sentir vulnerable, y la vulnerabilidad puede ser algo que infunde temor.

...No hay garantía que el esposo de una mujer cambiará aún si su comportamiento revela la justicia de Dios y aunque ella pueda tener toda la fe del mundo. Dios se mueve con poder sobre los corazones de Sus hijos, pero nunca fuerza a nadie a recibir nada.

Por lo tanto, una mujer necesita desarrollar sus propias fuerzas y poder en una creciente relación con el Señor para así saber quién es ella y cómo mantenerse. Si su fuerza se encuentra primeramente en Dios, entonces ella puede depender de forma apropiada en su esposo y al mismo tiempo ser independiente de forma apropiada.[2]

Sobreviviendo una aventura amorosa

¿Puede Dios unir de nuevo un matrimonio a pesar de una aventura amorosa? ¿Aún cuando otros dicen que es un imposible?

En el caso de Elaine, ella tuvo que tomar algunas difíciles decisiones antes de ver su matrimonio a salvo.

Admite que como una joven inmadura de dieciocho años, ella se casó por razones frívolas: La atractiva apariencia de Bill, su familia pudiente, y su habilidad de poder darle cosas materiales. Sin embargo, después de varios años de felicidad y tres hijos, él comenzó a beber y a jugar más al golf que nunca antes. Para llenar sus días vacíos, Elaine se unió a un club de bridge. Entonces, sin ninguna razón aparente, sus negocios comenzaron a fracasar.

«Uno a uno el reino que habíamos edificado comenzó a sucumbir —ella nos contó—. Pronto, todo lo que nos quedaba era el uno al otro, y para nuestro asombro, entendimos que eso no era suficiente. Cuando le rogué que dejara de dar vueltas y pasara más tiempo en casa, él me daba la espalda y se iba. Entonces vino a la casa una noche con un ministro y dejó caer la bomba.

«Yo no pienso que ninguna esposa está preparada para escuchar que su esposo está teniendo una aventura amorosa. Bill trajo al pastor con él porque él dijo que quería un testigo imparcial para lo que tenía que decirme. Pero mis gritos y lágrimas y protestas parecían no conmoverlo».

En este momento, el ministro comenzó a presionar a Elaine para que dijera que ella lo perdonaba. «Él no está feliz consigo mismo —le dijo—. Yo sé cómo usted se debe sentir, pero...»

Elaine deseaba gritarle al pastor. ¿Cómo sería posible que él supiera cómo ella se sentía? Él seguía hablando monótonamente sobre perdón, confianza, y amor, mientras ella bullía de enojo. Al fin ella habló entre dientes. "Te perdono". Pero su tono no iba con sus palabras.

¿Cómo puede esperar Bill que le perdone? —ella pensó—. ¡Él ha sostenido a otra mujer en sus brazos. Él rompió los votos matrimoniales que me hiciera y traicionó mi confianza!

Bill amaba a sus hijos y su hogar, y Elaine creía que a su propia manera él también la amaba a ella. Pero un consejero tras otro les dijeron: "Ustedes nunca debieron haber contraído matrimonio. No son compatibles". Aún enojada, ella usó cada oportunidad para recordarle a Bill de la miseria y sufrimiento que él le había causado. Pero aún ella no admitía la derrota ni dejaba el matrimonio morir.

Aunque asistían regularmente a la iglesia, en la casa sus discusiones a gritos se volvían peor, y ella estaba cayendo en depresión. "Dios, no puedo seguir de esta forma —ella lloraba—. Bill y yo nos estamos despedazando, ¡por favor ayúdame!»

Alrededor de esa época ella asistió a un seminario de la iglesia sobre cómo Dios podía cambiar la vida de una persona. Mientras el maestro hablaba sobre el pecado del corazón, Elaine meditaba: *Yo sé que no soy una persona lo suficiente mala como para ir al infierno; pero, ¿soy lo suficiente buena como para ir al cielo? ¿Cómo lo sabré de seguro?*

Entonces el maestro comenzó a explicar lo que él llamó leyes espirituales. La primera fue: "Dios le ama y tiene un maravilloso plan para su vida".

A medida que ella escuchaba sus palabras, algo dentro de Elaine se rompió. La idea de que Dios realmente le amaba nunca había penetrado. Se le había dicho que si ella era mala, Dios *no* la querría. Eso tenía sentido. Pero, ¿podría Dios amarla, en este mismo minuto, justo como era ella? ¿Con todo su enojo y amargura hacia Bill?

Al final de la sesión el maestro le pidió a Elaine que leyera en voz alta la oración de salvación al final del folleto. Mientras leía por primera vez, entró en su espíritu que Dios en realidad amaba a Elaine. Ella le pidió su perdón, y sintió que un gran peso se le había quitado de encima. Ella dejó la reunión llena del amor de Dios, sabiendo que su vida tenía un propósito. Cuando llegó Bill de un viaje fuera de la ciudad, unos días más tarde, él sintió la diferencia.

"¿Elaine, qué está sucediendo? Tú has cambiado".

Ella no lo podía explicar porque no estaba segura ella misma de lo que había sucedido. Sacó el pequeño librito que había recibido en el seminario. Una vez que lo revisó con él, ella dijo: "Bill, si tú oras esta oración, pidiendo el perdón de Dios, tu vida cambiará justo como cambió la mía".

Bill oró también. Su enfoque lentamente comenzó a cambiar. Ellos fueron a ver a un consejero más. Este habló del perdón, pero desde la perspectiva de Dios. Mientras él hablaba, Elaine se dio cuenta de que ella no había aún perdonado realmente a Bill por su aventura amorosa.

"¿Estás dispuesta por el Señor a hacerlo de forma voluntaria?", le preguntó el consejero.

Elaine asintió. Y con esa afirmación, lanzó el proceso de sanidad en su matrimonio. El Señor comenzó a mostrarle a cada uno de ellos dónde tenían que cambiar su propias actitudes, en lugar de culpar a la otra parte por toda mala situación. Ella aprendió a decir a menudo: "Lo siento". Ellos aprendieron a comunicarse, a amar incondicionalmente y a respetarse el uno al otro.

¿Ninguna esperanza para su matrimonio? Sí, la había. Porque ellos aprendieron que, al final, su única esperanza está en Dios.[3]

Unos pocos años atrás Elaine y Bill celebraron su cuarenta aniversario y renovaron sus votos matrimoniales en una reunión familiar especial. "Bill y yo en realidad somos un milagro andante ", ella nos contó.

Las dinámicas de las crisis de Elaine y Bill se repiten en miles de matrimonios. La esposa desea intimidad más allá de sus relaciones sexuales. El hombre se siente amenazado por la idea de compartir sus íntimos sentimientos, aún con su esposa. Los hombres tienden a pensar que eso es "cosas de mujeres". Él se aísla, haciéndola sentir a ella aislada. A menudo ella se enoja y se ocupa con los niños y otros intereses. Ambos cónyuges están ya maduros para buscar consuelo fuera del matrimonio.

Como lo hemos dicho anteriormente, no hay garantías de que el marido cambiará. Él aún tiene el poder de la elección.

Pero si la esposa se acerca al problema con la actitud correcta, y depende del Señor para ayuda y guianza, tiene la posibilidad de salvar el matrimonio.

Perdiendo la autoestima

Tina vivió con un esposo abusivo durante veinticinco años, luchando por mantener su autoestima mientras él la vejaba de continuo. Su estrategia para sobrevivir la mantuvo en esta situación porque deseaba proteger a sus hijos y porque ella no tenía ninguna habilidad para ganarse la vida. Sin embargo, después de entregarle su vida al Señor después de quince años de matrimonio, Tina buscó una estrategia para su dilema.

«Yo no tenía ningún sentido de autoestima —ella dice—, y mi comprensión del amor de Dios y del poder de la oración era muy limitado. Caminaba con la mirada hacia abajo para evitar contacto con otras personas, siempre temerosa de hacer algo que hiciera que Marshall explotara. Yo nunca le fui infiel durante todos los años de matrimonio. Sin embargo, cada vez que contestaba el teléfono y era un número equivocado, él sospechaba que algún hombre estaba tratando de llamarme y mi negación caía en oídos sordos.

"Yo luchaba con una culpa falsa, preguntándome qué había hecho para causar que él me gritara, llamándome nombres tan sucios. Por causa de mi orgullo, ni siquiera a mi mejor amiga le contaba lo malo que estaban las cosas en mi casa; yo había aprendido a presentar un frente falso en público. Pero estas circunstancias me llevaron a buscar una relación personal con el Señor y a buscar de Su fortaleza».

Parte del juego del club social, Tina y Marshall ante los ojos del mundo parecían una pareja perfectamente feliz, de éxito, que iban a la iglesia. Luego Marshall murió de un súbito ataque al corazón, a principio de sus sesenta y tantos años.

Después del funeral, Tina descubrió una pila de licor y material pornográfico escondido, evidencia de cuán grave había sido su atadura. También supo que había tenido una aventura amorosa con una de sus amigas más íntimas; lo mismo que él la había acusado a ella de hacer. Tina se dio cuenta que sus esfuerzos por complacer a Marshall y de ser una esposa ejemplar nunca hubieran podido "arreglar" sus problemas, porque era una cuestión espiritual que él mismo tenía que enfrentar.

Tina comparte algunas de las claves que le ayudaron a seguir adelante durante los últimos diez años de su matrimonio, mientras su relación se convertía más y más difícil.

- Yo busqué del Señor y Él me dio versos de la Escritura para sostenerme en ellos. Uno era: "Y conoceréis la verdad, y la verdad os hará libres" (Juan 8:32). Cuando eres acusada falsamente es fácil el comenzar a creer las mentiras; te sientes sucia, no limpia. Pero yo aprendí a preguntarme a mí misma: "¿Qué cosa es verdad?" La verdad es que no había hecho lo que Marshall dijo que yo había hecho. Esto me ayudó a restablecer la realidad y quitarme el peso de la falsa culpa.

- Otro verso que me dio vida fue: "El nombre del Señor es torre fuerte, a ella corre el justo y está a salvo" (Proverbios 18:10). Yo tan solo decía el nombre *Jesús* una y otra vez y me imaginaba a salvo dentro de la fuerte torre de Dios.

- El temor era un enemigo constante, no fácil de sacudir. Pasaron cinco o seis años antes de que yo dejara de temblar cuando Marshall explotaba conmigo. En dos ocasiones diferentes las personas oraron sobre mí para que se fuera ese temor, y al fin se fue. Memoricé ciertas Escrituras para poder hablar la Palabra de Dios en voz alta sobre mí. Ahora no me muevo por lo que el hombre dice de mí; sirvo tan solo a un amo, el Señor, y yo sé que Él habla amor sobre mí.

- Hoy, casi cinco años después de la muerte de Marshall, continúo trabajando con mi autoestima. Oro para que el Espíritu Santo de Dios me cubra, y que cualquier atractivo en mí pueda reflejar el amor de Dios. En lugar de verme como soy en lo natural, oro para que las personas me vean tan solo a la luz de Dios.

Un matrimonio abusivo salvado

Carmen también pasó veinte años en lo que ella llama un "infierno" de matrimonio, cosa que ella piensa que sucedió tan solo porque estaba encinta antes de la boda. Steve la humillaba y no mostraba cuidado alguno por sus sentimientos.

Después de diez años de frustración en el matrimonio, ella tuvo una aventura amorosa con alguien que conoció en la iglesia.

«Por supuesto que ahora me doy cuenta lo vulnerable y lo engañada que estuve —dice—. Antes que el mejor amigo de mi amante me pusiera en evidencia, decidí confesárselo a Steve. Cuando él me preguntó por qué lo había hecho, le dije: "Porque tú nunca me dices que me amas o que soy linda. Mi amante lo hacía todo el tiempo. Yo estaba hambrienta de que alguien me valorara, me diera un sentido de valor'».

Carmen se arrepintió de su pecado, hizo un nuevo compromiso al Señor, y comenzó a orar con regularidad. En una ocasión ella le preguntó a Dios si podía dejar su matrimonio, pero sintió que Su respuesta era no. El reto de Dios para ella fue: "¿Estás dispuesta a amar de buen grado a tu esposo sin condición alguna? ¿Y a tratarlo con tanto amor y bondad como lo haría conmigo, el Señor Jesús?"

Su respuesta fue sí, ella estaba dispuesta a amar y ser bondadosa aún si no recibía amor y bondad a cambio. Pero ella no sintió que el Señor le requería que fuese tratada como a una alfombra. Así que cuando Steve la abusaba, ella le decía con firmeza pero con bondad: "No me hables de esa forma, tus ataques no son necesarios".

Después que ella hizo esto varias veces, él comenzó a cambiar. En una ocasión él entró a la cocina y le dijo: "Siento mucho lo que dije. ¿Me perdonas?"

Cuando Carmen cesó de responder a las palabras de enojo de su esposo, él se dio cuenta que no tenía con quién discutir y bajaba la guardia. Entonces ella lo abrazaba y le decía: "Este comportamiento no te queda bien, yo sé que tú eres un hombre amoroso y preocupado por mí".

Como resultado de su nueva táctica, ella no está recibiendo más insultos y él se ha ablandado con ella. A medida que Carmen ora por fuerza y sabiduría el Señor le ayuda a responder en el espíritu apropiado.

«Si estás luchando aún con el deseo de responderle a tu esposo de esta manera, pídele a Dios que te dé un corazón dispuesto —Carmen dice—. Yo recordaba lo valiosa y amada que me sentía de parte de Dios; entonces podía darle Su amor a mi esposo. Ahora comprendía que nunca iba a recibir mi sentido de dignidad y valor propio de parte de mi esposo, eso tan solo viene de parte de Dios".

Cuando Carmen puso sus límites, se ganó el respeto de Steve; y Dios la capacitó para que ella lo hiciera con el espíritu correcto, mientras al mismo tiempo estimaba a su esposo.

Cualquier mujer que lucha con un matrimonio abusivo, como lo hicieran estas mujeres, debe llamar a su abusador a dar cuentas. Cuando su comportamiento está fuera de orden puedes optar decir: "No voy a aceptar tus acusaciones de _____", y nombras eso que no vas a aceptar.

Las mujeres necesitan saber que no se merecen el abuso verbal, y que necesitan impedirlo. Si tú estás siendo una víctima, dile a tu esposo que no le vas a contestar de la misma forma que lo has hecho en el pasado; no más responderle a gritos o darle el tratamiento de silencio.

Explícale que deseas un buen matrimonio, pero ahora estás requiriendo respeto de parte de él y estableciendo límites; y si él traspasa esos límites, habrán consecuencias. Cuando su comportamiento es inapropiado y no aceptable, dile eso de forma bondadosa pero con firmeza. Puede que necesites dar pasos similares para proteger a los niños, si es que tu esposo abusa de ellos verbalmente también. Como Helen, cuya historia compartimos en el capítulo dos, puede que terminen separándose o divorciados como la única alternativa posible.

Si tu esposo continúa siendo abusivo, no te culpes tú misma, no es tu culpa; pero es sabio el establecer un plan para llegar a un lugar seguro en caso de que el abuso se convierta en una amenaza física.

La pornografía amenaza los matrimonios

Nosotras estamos consternadas por el creciente número de mujeres que nos cuentan que sus esposos están envueltos en pornografía. Muchas dicen que se dieron cuenta que algo andaba mal cuando sus esposos comenzaron a pasar grandes períodos de tiempo en la computadora de la casa explorando el Internet. Ellos, simplemente, entran en la línea y se conectan a todo tipo de programa sexualmente explícito, con el pretexto de "trabajar en la computadora". Un número creciente de hombres y en ocasiones mujeres también, se están convirtiendo en adictos al "cybersex".

Una vez atrapados, él comienza a quedarse fuera de la casa más y más, diciendo que tiene que trabajar hasta tarde, luego se va a teatros calificados como X o a recoger prostitutas. O él disfrutará de sus hábitos en la casa en medio de la noche. Su "rostro público" es muy convincente, pero una esposa astuta sabe que una fuerza maléfica lentamente está desgarrando el material mismo de lo que la familia está compuesta. Una mujer se despertó a las 3:00 a.m. y descubrió que estaba sola en la cama. El Señor le indicó que fuese al salón donde la familia veía televisión, y se encontró a su esposo (un diácono en la iglesia) mirando el canal pornográfico de cable.

Esta mujer dice que tú debes sospechar una adicción al sexo si tu esposo resiste el ser incluido en la conversación, muestra mal humor cuando viene a la mesa a comer, o de momento sugiere o demanda formas perversas de hacer el amor. Puede que él se siente con su mirada perdida en el espacio, perdido en un mundo de fantasía donde su viva imaginación es alimentada por lo que él ha visto y leído. Puede que no preste atención a tus intereses o necesidades, tan solo a las suyas. Puede que temas ir a la cama en la noche por temor de que él demande satisfacción sexual en maneras que puedas encontrar repulsivas. Tu temor puede motivarte a ser examinada con regularidad para asegurar que estás libre de cualquier enfermedad que se transmite sexualmente.

Esta es la imagen de una mujer cuyo hogar está siendo víctima por la pornografía. Para que la situación cambie, tienes que tomar acción y establecer algunos límites.

El juego de "Si tan solo..."

En su libro *An Affair of the Mind*, Laurie Hall nos dice de su batalla para salvar su matrimonio de la devastación causada por su esposo y sus veinte años de adicción a la pornografía . Ella describe las maneras insidiosas que el esposo le hace sentir a la esposa, de que la culpa es realmente de ella y en ocasiones incluso por consejeros bien intencionados. La rutina de: "Si tan solo..." resalta una culpa falsa en su cabeza.

Si tan solo yo pudiera ser mejor en la cama... Si tan sólo pudiera descubrir lo que le agrada a él... o ¿qué es lo que a él no le agrada de mí?... Si tan solo pudiera perder peso y entrar en forma... Si tan solo pudiera preparar mejor la comida y mantener la casa... Si tan solo pudiera hacer que él se sintiese orgulloso de mí...

Estos juegos mentales pueden hacer que la mujer dude de su propia sanidad. E incluso si ella pudiera llenar todas esas fantasías, nunca haría libre a su esposo de su atadura adictiva.

Aunque Laurie nunca se divorció de su esposo, se separó de él por un tiempo.

Su propio dolor, unido al rechazo de su esposo de buscar ayuda para el problema que venía desde sus años de adolescencia, hizo imposible para ella y su hija el vivir una vida normal. No fue hasta después de la separación que él tomó la responsabilidad de sus acciones y comenzó a buscar ayuda para ser hecho libre.

Laurie escribe que en una ocasión su esposo había sido un ingeniero brillante en la cumbre de una posición administrativa, con todos los beneficios que le acompaña. Pero después de buscar satisfacción por tanto tiempo en la fantasía, él perdió la habilidad de pensar con claridad y resolver incluso problemas simples. Perdió su trabajo y terminó trabajando en una línea de producción con un bajo salario.[4]

Una de las formas en que Laurie lidió con el asunto fue sentándose con una taza de té y derramando su dolor delante del Señor en voz alta. Durante estas charlas, ella abandonaba su derecho a vengarse, dejando la venganza al Señor. Tenía que recordarse de continuo de su propio valor, declarando que ella era aceptada y preciosa a los ojos de Dios.

Entonces un día, ella salió por la parte trasera del granero y acumuló algunas piedras grandes para hacer un altar. Sobre el mismo, depositó todas las cosas que había perdido: su hogar, su juventud, su habilidad para confiar, su reputación, su sexualidad, sus talentos no desarrollados y las fiestas sin gozo por el egoísmo de la lujuria de Jack. Lo más difícil fue el poner las pérdidas de sus hijos sobre el altar. Ella lloró por largo tiempo mientras las depositaba, nombrando cada pérdida en voz alta.

ESTAS SON TODAS LAS COSAS QUE ME FUERON ROBADAS —le dije a Él—. AHORA, TODAS TE PERTENECEN. YO CEDO MI DERECHO DE QUE ALGUIEN ME PAGUE POR ELLAS... SÉ QUE TÚ ERES CAPAZ DE PAGARME POR ELLAS, SI ESO ES LO QUE TÚ

CONSIDERAS MEJOR. SI ESCOGES DARME ALGUNA DE ESTAS COSAS DE REGRESO, ACEPTARÉ TU REGALO CON UN CORAZÓN AGRADECIDO. SI TÚ DECIDES NO DEVOLVERME NINGUNA DE ESTAS COSAS, TE LO ACEPTARÉ CON UN CORAZÓN CONFIADO. YO SÉ QUE TÚ ERES TODO LO QUE REALMENTE NECESITO.[5]

Mientras el matrimonio de Laurie está aún en proceso de ser completamente restaurado, su libro termina con una nota de triunfo:

YO TENGO QUE CREER QUE ÉL PUEDE LEVANTAR MI MATRIMONIO DE LA MUERTE POR LA FE. NO HAY NADA QUE MIS OJOS PUEDAN VER, QUE PUEDA PROBARLO. PERO, ÚLTIMAMENTE, HE ESCU-CHADO EL ROCE DEL ROPAJE DE LA MUERTE, Y MIS OJOS DE HECHO HAN VISTO ALGÚN MOVIMIENTO EN LA TUMBA. DIOS ME ESTÁ RECORDANDO UNA VEZ MÁS, QUE ÉL NOS DA UNA ESPERANZA QUE NUNCA MUERE. ESA ESPERANZA FRÁGIL, CON-TINUARÁ CRECIENDO MIENTRAS JACK Y YO CONTINUEMOS DICIÉN-DONOS LA VERDAD SOBRE QUIÉNES SOMOS NOSOTROS, CÓMO SOMOS NOSOTROS, Y DE QUIÉN SOMOS NOSOTROS. YO PLANEO SEGUIR HACIENDO ESO MISMO, UN DÍA A LA VEZ.[6]

Enfrentando el tema

Otra mujer que se mantuvo al lado de su marido hasta que él logró la victoria sobre la pornografía nos escribió sobre su experiencia:

«Pocos meses después de nuestra boda, cuando encontré escondidas las revistas pornográficas de mi esposo, consideré abandonarlo. Pero, después de pedirle a unos amigos que oraran conmigo, redediqué mi vida a Cristo y comencé a cambiar mis propias actitudes. Mi esposo vio la diferencia, y comenzó a ir conmigo a la iglesia. Entonces él también comen-zó a cambiar. Pero aún había contienda durante nuestros momentos de intimidad. En dos ocasiones él admitió que aún tenía problemas con la lujuria, y yo lo amenacé con dejarlo. Pero él lloró y me dijo que se mataría si yo lo hacía, así que me quedé. Él me aseguró que había "tomado autoridad" sobre el problema como cristiano, y que ahora era libre de la lujuria.

«La tercera vez que encontré que aún estaba envuelto con la pornografía, le dí a elegir. O él aceptaba recibir ayuda y dar cuenta a otro hombre piadoso, o yo lo dejaba. Él sabía que yo hablaba en serio en esta ocasión. Esa noche, él confesó su problema a nuestro pastor y le pidió oración. Después se confesó y arrepintió y por medio de la oración fue hecho libre de un espíritu de lujuria, y nuestras relaciones mejoraron».

Basándose en su propia experiencia, esta mujer siente que una esposa debe enfrentar a su esposo la primera vez que el problema de la pornografía sale a la luz. El atrasarlo tan solo empeora las cosas. Ella cree que por haber pospuesto la confrontación, le tomó mucho más el recibir sanidad para ella misma, y el ser capaz de confiar de nuevo en su marido.

Nosotros te aconsejamos siempre buscar del Señor para Su estrategia de cómo atacar este tema tan volátil. Si Dios ha permitido que descubras ese problema, Él también te dará dirección de cómo lidiar con él de forma apropiada. Tú puedes ser firme pero amorosa en tu trato. La meta siempre debe ser ver a tu esposo restaurado y tu matrimonio fortalecido.

A donde puede llevar la fantasía

Un consejero matrimonial de renombre nos dijo que la principal atracción del "cybersex" para una mujer es el tener a alguien que parece tener un interés personal en ella. De momento, un hombre le está preguntando sobre sus pasatiempos favoritos, o preguntándole de qué color son sus ojos. Este hombre invisible desea escuchar su corazón, algo que su esposo puede que no haya hecho en años. Las mujeres pueden caer en tal mundo de fantasía con rapidez, como lo descubriera Amy para su propia tristeza.

A través de su vida de adulta, Amy había soñado con frecuencia el ser amada por los hombres, no deseando sexo de ellos, sino tan solo el ser abrazada y adorada. Ella coqueteaba con cualquier hombre que le diera atención.

Estas tendencias nacieron en su niñez, cuando fue molestada sexualmente por un pariente. Con un sentido de valor propio corroído, ella era susceptible a buscar satisfacción por medio de relaciones sexuales.

«Me casé con mi enamorado de la escuela superior, porque había quedado encinta —nos dijo ella—. Nunca comprendí lo hambrienta que estaba de atención hasta que me compré una computadora y me convertí en una adicta al Internet».

Al encontrar varios "cuartos para hablar" cristianos en el Internet, Amy pasaba horas "hablando" con personas que entraban al cuarto para conversar. Una noche, ella estaba en línea y conoció a un hombre muy amable que vivía a miles de millas de distancia. Durante el curso de tres meses ellos pasaron horas hablando entre sí.

«Un día le di mi número de teléfono y él comenzó a llamarme —Amy informó—. Al principio nuestras conversaciones estaban centradas alrededor de nuestra fe. Pero pronto se convirtieron más personales e íntimas. Antes de darme cuenta de lo que estaba sucediendo, estaba envuelta en una aventura romántica telefónica. Hablamos de cosas que nunca discutí con nadie, ni siquiera mi esposo. Incluso llegué a pensar que estaba enamorándome de este hombre».

Un día, la culpa de sus acciones alcanzaron a Amy, y ella admitió su necesidad de recibir ayuda. Su iglesia estaba sosteniendo un retiro de damas, así que decidió asistir y tratar de arreglar su vida con Dios de nuevo.

"Cuando le confesé a algunas de las damas en lo que estaba envuelta, esperaba que me regañaran —ella dice—. Pero lo que recibí fue una preocupación y cuidado amoroso. Ellas aclararon que mis acciones eran pecaminosas, pero no me condenaron. Oraron conmigo y me ayudaron a comprender mejor las razones por las que tenía la "necesidad" de encontrar aceptación de esta forma.

«No ha sido una vía fácil, pero me he reconciliado con Dios, y Él me ha restaurado. He confesado mi mal a mi esposo y él me ha perdonado. En ocasiones aún tengo hambre de atención, pero ahora yo se cómo obra el enemigo, y qué hacer sobre ese ataque».

Los problemas matrimoniales no tienen una solución fácil. Pero es posible edificar una relación que honre a Dios sobre el fundamento del amor sacrificado y estar dispuesto a recibir ayuda y sanidad de parte de Dios.

Oración

Padre, hoy traigo a ti las áreas rotas de mi matrimonio y te pido que comiences una obra de restauración. Perdóname por tratar de controlar a mi esposo, en lugar de entregarlo a Tus amorosas manos. Revela mis propias actitudes erróneas, que necesitan ser más amorosas y cristianas. Señor, te pido que envíes al camino de mi esposo a un consejero sabio que le hable la Palabra de Dios a su vida. Revela Tu gran amor a ambos, y extiende sobre nosotros Tu misericordia. Señor, oro que Tú causes que nuestro matrimonio y nuestro hogar traigan gloria y honor a Ti. Lo pido en el nombre de Jesús, Amén.

CINCO

Venciendo la traición y el divorcio

Aun el hombre de mi paz, en quien yo confiaba, el que de mi pan comía, alzó contra mí el calcañar.

SALMO 41:9

Cuando tú decides vivir como Cristo entre los egoístas y testarudos, Dios honrará tu decisión, pero... encontrarás malos entendidos y malos tratos. Tomarán ventaja de ti. Sin embargo, no hagas otra suposición errónea al pensar que si estás pasando momentos difíciles, no estás dando justo en el blanco. No es así. Hacer lo correcto nunca es un paseo por un jardín de rosas. El plan de Jesús para vivir puede que sea simple, pero no es fácil.

...No importa lo doloroso que esto pueda ser, confiemos en Él para traer bien por caminar Sus caminos.[1]

CHUCK SWINDOLL

*E*s posiblemente seguro el decir que toda mujer cristiana será rechazada o traicionada en algún momento de su vida. Posiblemente has experimentado el cuchillo en la espalda sintiéndolo entrar, cuando una persona en la que has confiado se vuelve en contra tuya.

Jesús fue traicionado por uno de sus cercanos seguidores. De todo el sufrimiento que Jesús sufrió en la tierra, quizás el que más haya dolido fue el de ser negado y traicionado por las mismas personas que declaraban ser leales a Él. El dolor del desengaño que Él sintió —cuando Pedro, Santiago y Juan se quedaron dormidos en lugar de orar con Él; cuando Judas le saludó con un beso de traición; cuando Pedro incluso negó conocer a Jesús— debe haber excedido el dolor físico de las espinas, los latigazos o los clavos.

Muchas, muchas veces las mujeres han compartido con nosotras sus historias de traición. A menudo dicen: "Si un no creyente me hubiera hecho esto a mí, no sería tan difícil de soportar. ¡Pero esta persona decía ser cristiana! ¿Cómo puede él mentir de esta manera?" He aquí algunos ejemplos de estas historias:

- Después de la muerte de su esposo, una mujer supo que una muchacha de la que había sido amiga había estado llevando una aventura amorosa con su esposo. Ella se sintió traicionada tanto por su esposo como por su íntima amiga.

- Varias mujeres en la iglesia (principalmente las viudas) invierten la mayoría de sus ganancias en aventuras "garantizadas" de hombres de negocios cristianos, para proveer para su retiro. Pero el hombre resulta ser un fraude, y las mujeres pierden sus ahorros de toda una vida.

- Una mujer que dirige el ministerio de oración de su iglesia es sacada de su posición de liderazgo porque el pastor teme que demasiadas personas en la congregación están mirándola como consejera espiritual.

- Una mujer confía a su pastor que su esposo tiene SIDA. Ella le pide que mantenga la información confidencial hasta que pueda relocalizar a sus hijos para protegerlos del escarnio público. Al principio él está de acuerdo, luego cambia de opinión. Ese mismo día, él hace un anuncio público a toda la congregación.

- Una mujer joven que ha sufrido una lesión deportiva es visitada por su joven pastor, también un entrenador de deportes. Ella acepta su oferta de querer ayudarla con terapia física, para poder dejar las muletas. Entonces, después de varias sesiones, él la asalta sexualmente.

- Una mujer en la casa le da la bienvenida a un amigo cristiano de confianza que llega de visita. Pero él no se va hasta después de haber corrido tras de ella, alcanzado y violado. Ella lucha por comprender cómo un amigo cercano y supuestamente un cristiano incondicional, pudo hacer semejante cosa.

La traición viene de diferentes formas, como lo revelan los ejemplos anteriores. Aunque tu propia situación puede que no sea tan extrema como alguna de estas, posiblemente estés luchando por poner en orden un popurrí de emociones que vienen en una montaña de emociones, de dolor, bochorno, desengaño, enojo, amargura, vergüenza, remordimiento, o culpa. Una mujer que experimentó la traición de un compañero de trabajo en quien confiaba escribió: "Dios siempre ha obrado todas las cosas para mi bien, ya sea que esas cosas me parezcan buenas o malas. Él no puede maltratarme porque Él me ama de forma perfecta. He aprendido que mis crisis y problemas son una oportunidad para ver a Dios intervenir y Él es glorificado en el proceso".

Una de nuestras compañeras de oración cuidó de su padre y madrastra durante los años cuando la salud de ellos iba en declive y sufrieron muchas emergencias médicas. Después que muriera su papá, un familiar de la madrastra la convenció a que cambiara el testamento, privándole a la hija de su herencia. Ella escribe: «Después de meses de luchar con la traición, al fin Dios me liberó a confiar en Él por completo de que Él sería nuestro proveedor. Entonces fue cuando pude perdonar por completo».

Otra amiga, que había sido herida y traicionada por su pastor, dijo que ella se sentía tan devastada que lloró durante tres meses. Pero durante esa prueba ella experimentó en pequeña dosis el sufrimiento de Jesús. Con el tiempo ella llegó al punto donde pudo perdonar a su pastor. «Mi camino a la sanidad fue un proceso que tomó tiempo —ella dice—. Pero cuando terminó todo, ya no tenía el dolor en el corazón, porque había podido realmente perdonarlo».

Un lector nos dijo que el decir las Escrituras en voz alta y el escuchar música de adoración apacible le consoló en medio del dolor de la traición, y le ayudó a mantener su concentración en el Señor en lugar de en sus circunstancias. Otra, encontró paz al escribir sus oraciones en cartas a Dios, derramando su enojo, dolor y confusión, luego pidiendo Su perdón y sanidad.

La traición que conduce al divorcio

Quizás tú o alguien cercano a ti ha sufrido una de las peores traiciones, cuando el esposo anuncia: "Ya no te amo. Deseo un divorcio y la libertad de vivir mi propia vida". Una lectora que pasó ese tipo de divorcio lo tituló: "La forma de traición más vergonzosa". Ella no se lo dijo a su familia hasta haber sufrido el abuso emocional por más de veinte años.

Cuando su papá le preguntó por qué ella no se lo había dicho antes, ella respondió: "Porque no podía encarar la vergüenza del fracaso". Pero al final, ellos se divorciaron y su esposo se volvió a casar de inmediato.

«El divorcio es peor que la muerte, es una herida profunda de rechazo —escribe Lonnie, respondiendo nuestra encuesta—. El darse cuenta que a aquél a quien le has prometido tu amor ha traicionado tu confianza es emocionalmente devastador, y es difícil sentir que puedas confiar en alguien de nuevo».

Cuando Lonnie se casó, su esposo la había convencido que él era un creyente. Pero sus actitudes y comportamiento pronto revelaron que él la había engañado. A través de los próximos once años Lonnie oró que él entregara su vida a Cristo, pero con el tiempo él presentó el divorcio.

«No fue fácil dejar ir el matrimonio después de orar por tanto tiempo por su restauración —dijo ella—. A través de la oración y alabanza yo tuve que darle al Señor mi dolor y desengaño; un proceso que continuó por muchos meses. Pero, al final, Jesús me ha sanado y ayudado a dejar atrás el pasado para abrazar un futuro brillante. Su amor sacó de raíz un árbol de toda una vida de rechazo en mi corazón y me dejó libre».

El trauma del divorcio

Para una mujer cristiana, el pasar por un divorcio y los momentos difíciles después de éste, es un trauma terrible, en especial cuando ella ha tratado todos los medios posibles para salvar el matrimonio. Algunas de ellas se dan cuenta muy tarde que su propia impaciencia y defectos en el carácter contribuyen en parte al fracaso en el matrimonio.

La iglesia por mucho tiempo ha pensado que el divorcio es malo excepto en casos de adulterio. Pero yo, (Quin), recuerdo la escena en mi sala algunos años atrás cuando Cherie, una joven mujer recién divorciada con una brillante carrera, lloraba mientras contaba su historia.

«Sí, Dios odia el divorcio. La Biblia lo dice, y la mayoría de mis amigas cristianas me lo recordaron cuando me divorcié —dijo llorando—. Pero pocas personas leen los versos antes o después de la frase, donde Dios dice que Él odia cuando un hombre rompe su fe con su esposa, o practica la violencia».

Ella compartió historias horribles de abuso verbal y emocional que había sufrido durante cinco años de matrimonio. Un día, cuando ya no pudo soportarlo más, Cherie cocinó un montón de comida para el congelador y planchó toda la ropa de su esposo. Le escribió una nota de adiós, rogándole que buscara consejería y se fue.

Después de la separación, ella le dio tiempo para buscar ayuda de un consejero, o tomar acción hacia la restauración de sus relaciones. Cuando su esposo rehusó hacerlo se divorciaron, y él se volvió a casar de nuevo. Aunque Cherie había orado por una reconciliación, ella llegó a la conclusión que Dios no podía ir en contra de la decisión del libre albedrío del hombre. Y su esposo escogió no ir por el camino de Dios.

Pocos años después Cherie se volvió a casar. Ahora ella y su segundo esposo tienen dos hijos preciosos y su familia es una de las familias más cristianas que yo haya conocido.

Violencia y traición

Según Cherie señalara, necesitamos mirar las declaraciones de Dios en cuanto al divorcio en su contexto:

> *Porque el Señor Dios de Israel ha dicho que él*
> *aborrece el repudio, y al que cubre de iniquidad su*
> *vestido, dijo el Señor de los ejércitos. Guardaos, pues,*
> *en vuestro espíritu y no seáis desleales.*

Malaquías 2:16

Tristemente, multitud de mujeres sufren violencia en manos de sus esposos —aún hombres cristianos. Nosotros nos encontramos con este problema a lo largo de nuestra nación mientras cientos de estas mujeres vienen a nosotros por ayuda y oración.

Cuando yo (Quin) discutí este tema con un consejero matrimonial bien conocido, él mencionó una Escritura que yo no había considerado: : "'No matarás' es uno de los Diez Mandamientos —él me dijo. Pero muchos hombres son culpables de matar el alma de sus esposas, sus mentes, voluntad y emociones e incluso su espíritu humano, con acusaciones verbales agudas y llenas de odio. Las palabras son poderosas y ellas pueden ser muy dañinas".

En su libro *Restoring Innocence*, Alfred Ells, fundador de un servicio de consejería cristiana, escribe:

MUCHOS PIENSAN QUE ELLOS TIENEN QUE LLEVAR LA CARGA DE SUS HERIDAS SOLOS. PERO LA AUTOSUFICIENCIA DEJA AFUERA LA DEPENDENCIA DE DIOS. TÚ NO PUEDES CONFIAR EN TI MISMO PARA ARREGLARTE A TI MISMO, SI LO QUE NECESITAS ES LA SANIDAD DE DIOS… TEN CORAJE. COMIENZA DESPACIO. TAN SOLO NECESITAS DAR UN PASO A LA VEZ… PERO TIENES QUE DAR EL PRIMER PASO DE ADMITIRTE A TI MISMA, A OTRA PERSONA Y A DIOS, TU NECESIDAD DE AYUDA Y SANIDAD.[2]

Un clamor de liberación

Considera el dilema en la próxima historia de esta mujer. Su esposo le había "dado muerte" a casi toda las áreas de su alma.

"Yo deseo ser liberada" —dijo suavemente la pequeña mujer de edad media, mirando hacia el suelo. Yo (Quin) luchaba por escuchar su tímida voz. Su autoestima estaba tan baja, que no podía mirarme a los ojos.

"¿De qué?", le pregunté.

"De no recibir respeto en mi casa —me contestó—. Mi esposo me amarra para tener sexo. Él dice que es la única forma en que él tiene satisfacción. Mis hijos adolescentes no me respetan tampoco. Cuando les pido que hagan algo, ellos me gritan que me 'calle' mientras maldicen y me insultan con nombres porque soy 'solo una muje'r'", me dijo.

"¿Cuánto tiempo has permitido a tu esposo que te ate?"

"Veinte años. Pero deseo ser hecha libre, esta noche".

Por supuesto que ella no iba a ver una liberación de la noche a la mañana de la atadura que ha tomado veinte años crear. Esto tomará tiempo y profunda consejería. Tenemos la esperanza que su esposo esté dispuesto a recibir ayuda también. Aunque ella ha tolerado este comportamiento abusivo por demasiados años, ahora había esperanza, porque ella estaba reconociendo su problema, y deseaba ser libre. Ella sí tenía valor. Ella sí merecía respeto. Ya que era creada a la imagen de Dios, Él tenía un propósito con ella y no se merecía ser tratada como una "cosa".

El caso de esta mujer era poco usual, pero había tolerado el abuso durante todos esos años porque pensó que esto era parte de su obligación como esposa. Una que ha sido enseñada a "someterse" a su esposo, no importa lo que él demande, tiene dudas de ir a otra persona por ayuda cuando está siendo abusada. En especial a un líder de la iglesia. La autora cristiana, Carolyn Driver, escribe:

Tu esposo puede que sea tu cabeza matrimonial, pero solo Jesús es la cabeza espiritual de aquellos que le aman y le sirven… Si un acto viola el Espíritu de Dios dentro de ti, no se te requiere que lo hagas. Las esposas no son alfombras o don nadies dóciles; ellas son colaboradoras junto con sus esposos. Debemos someternos el uno al otro en amor, como a Cristo.[3]

El comportamiento abusivo

El abuso doméstico es un crimen que ha llegado a tener proporciones trágicas en los Estados Unidos. El director de la

Asociación del Servicio a la Familia de San Antonio, Texas, dice:

DAR golpes, acto cometido por el varón en la pareja, es la única fuente más común de heridas a la mujer, más común que los accidentes de auto, y más que el robo y la violación por un extraño conjunto... Casi treinta por ciento de toda víctima femenina de homicidio y veinticinco por ciento de víctimas de asalto sexual fueron atacadas por uno de la pareja íntima.[4]

"Un abusador está obsesionado con controlar y supervisar los detalles de la vida de otra persona, poniendo la atención sobre el comportamiento de esa persona, en vez de en sus propias faltas o debilidades ", nos contó un consejero cristiano de abuso. "A veces usa la manipulación emocional para controlar a su víctima —lágrimas, transferencia de culpa, ira, amenazas, o aún el silencio. Por lo general, él aísla a la víctima de sus amigos y familia, y la intimida tanto que ella se siente sin poder para detener el maltrato o para buscar ayuda fuera de la casa. La iglesia necesita pararse firme contra los hombres que ocasionan tal abuso contra las mujeres y los niños", continúa diciendo ella.

Demasiado a menudo los líderes cristianos les dicen a las víctimas de violencia en la familia: "Debes perdonar a tu abusador y ser reconciliados". Sí, a la larga el perdón tiene que venir. Pero los líderes necesitan demandar del abusador que tome la responsabilidad por su comportamiento, ponerse de acuerdo para consejería, y rendir cuentas a un consejero o a un pastor. No todos los matrimonios donde el abuso ha tomado parte pueden ser reconciliados.

En su libro *Women, Abuse and the Bible*, los autores Kroeger and Beck dicen:

Cuando las damas no tienen confianza en sí mismas, les es más fácil renunciar a su poder y perder su capacidad de enfrentar y resistir las cosas destructivas que han sido hechas contra ellas o contra sus hijos.

...El abusador puede usar a la iglesia para el mismo fin. La congregación puede verlo como un hombre muy amable y encantador; esta es la fachada que él presenta al mundo público. Cuando la esposa le cuenta al líder de la iglesia acerca del abuso, esa persona puede tener dificultad en creerle porque el abusador es conocido como una persona muy amable.[5]

Date cuenta que el abuso físico por lo general comienza como abuso verbal. Una consultora de comunicaciones, Pat Evans, dice en su libro *The Verbally Abusive Relationship*:

Temprano en la relación, el abusador verbal puede abusar de su pareja con menosprecio disfrazado con chistes y con retención; poco a poco, otras formas de abuso verbal son añadidas... En muchos, muchos casos, el abuso verbal termina en abuso físico, el cual también puede comenzar de forma sutil como empujones, golpes, etc., "accidentales", los cuales luego terminan en golpes físicos al manifiesto.[6]

Nosotros creemos que lo mejor de Dios es que los matrimonios se queden intactos, y Su plan es que los niños crezcan con ambos padres en el hogar. Jamás negaríamos eso. Pero todos nosotros conocemos de mujeres que se han quedado en un matrimonio por el bien de los niños, mientras ellas mismas soportan un abuso inexcusable, y hacen que los niños sufran un gran daño emocional.

Las cosas se pueden hacer mejor. No necesitas mantenerte encerrada en las circunstancias de hoy. Nuestro consejo para ti, si estás en una situación abusiva, es de dos partes:

1. Pídele a Dios la sabiduría que necesitas para tomar una acción apropiada (vea Santiago 1:5). Él sí escucha y contesta oraciones, aunque no siempre de la manera que nosotros deseamos.

2. Es importante que tu actúes tratando de alcanzar y hablar con otras personas:

- para orar y aconsejarte

- para proveer un lugar seguro provisional

- para darte refuerzo en una confrontación, separación o divorcio si el abusador rechaza toda sugerencia de cómo él puede recibir ayuda para su problema.

Dios restaura y sana

Los tiempos difíciles no tienen que durar para siempre. Podemos encontrar ánimo a través de la oración con amigos especiales, a través de las Escrituras, a través del consejo sabio de líderes maduros. Podemos encontrar consuelo en un sermón, un libro, una caminata en el parque, un casete de música, un grupo de apoyo. Al abrir nuestros corazones a Dios y a otros, la sanidad puede venir a las áreas donde la culpa y la condenación han reinado.

Para muchas mujeres, recuperarse del dolor de un divorcio eso tan solo, es un reto suficiente. Pero a la larga se enfrentan con la pregunta de casarse de nuevo. ¿Qué pasa entonces? Algunas luchan con la presión de las opiniones de los demás en cuanto a si se deben casar de nuevo o no. En última instancia, cuando ella esté preparada emocionalmente, cada mujer debe hacer esta decisión a través de la oración y de buscar la dirección clara de Dios.

Catherine Marshall, que quedó viuda cuando su hijo Peter John tenía nueve años de edad, luchó años más tarde con el tema del divorcio cuando consideró la idea de casarse con Len

LeSourd. Él se había divorciado de su esposa después de haber tenido que ingresarla en una institución, y ahora tenía a su cuidado sus tres niños pequeños.

Catherine se abstuvo de escribir públicamente acerca de su dilema. Pero en el libro *Light in My Darkest Night*, publicado después de su muerte, Len LeSourd lo compartió en un capítulo de introducción:

CATHERINE Y YO DISCUTIMOS A PROFUNDIDAD LA SITUACIÓN, HABLAMOS CON CONSEJEROS Y PASTORES CRISTIANOS... RECIBIENDO UNA VARIEDAD INCREÍBLE DE OPINIONES. CATHERINE AGONIZÓ ACERCA DE ESTO, ORANDO DURANTE SEMANAS.

POR FIN COMPARTIÓ CONMIGO LA PALABRA QUE ELLA CREYÓ HABER RECIBIDO: EL SEÑOR ESTÁ EN EL NEGOCIO DE RESTAURAR HOGARES ROTOS Y SANAR FAMILIAS DAÑADAS. ÉL ODIA EL DIVORCIO, ASÍ COMO ODIA EL PECADO, POR EL DAÑO QUE OCASIONA EN CADA VIDA QUE TOCA. PERO ÉL NO NOS ENCIERRA EN NUESTROS PECADOS; ÉL ES EL DIOS DE LA REDENCIÓN Y DE NUEVOS COMIENZOS.[7]

Len concluye el libro con estos comentarios en el Epílogo:

CATHERINE FUE SU AGENTE PRINCIPAL EN MI VIDA Y EN LAS DE MIS HIJOS DURANTE NUESTROS 23 AÑOS DE MATRIMONIO. ENTRÓ EN UNA SITUACIÓN DE FAMILIA CAÓTICA Y SOLDÓ CINCO PERSONALIDADES DIFERENTES EN UNA FAMILIA. NO FUE EL SENTIR DE SU PROPIA SUFICIENCIA LO QUE LA MOTIVÓ... FUE LA CERTEZA DE QUE DIOS ERA SUFICIENTE.

A TRAVÉS DE SU VIDA, EN CADA SITUACIÓN DIFÍCIL —LA PÉRDIDA DE SU ESPOSO, EL RETO DE SER MADRE SOLTERA, LA MUERTE DE DOS NIETOS, EL CHOQUE DE DOS VOLUNTADES FUERTES EN UN HOGAR— CATHERINE SE VOLVIÓ A SU REDENTOR... SE SOSTUVO DEL SIMPLE HECHO DE SU EXISTENCIA —EN LA AUSENCIA DE TODA EMOCIÓN O EVIDENCIA.[8]

Dios sostiene tu futuro

Un aspecto principal del divorcio que parece dar miedo a muchas mujeres es sentirse que ahora tienen que lidiar a solas con la vida. Para otras personas, el prospecto de encontrar una nueva independencia es muy atractiva. Pero sin importar las circunstancias o los términos del divorcio, esto puede ser una oportunidad para identificarte con el sufrimiento de Cristo, y para profundizar tu relación con Él.

En su libro *Keep a Quiet Heart,* Elisabeth Elliot dice que el significado de estar "crucificado con Cristo" es rendir nuestra insistencia en nuestra propia independencia. Ella escribe: "He aquí la oportunidad ofrecida. Sé paciente. Espera en el Señor por lo que sea que Él te depara, espera en silencio, espera confiada. Él sostiene cada minuto de cada hora de cada día, de cada semana, de cada mes, de cada año en Sus manos. Dale las gracias por adelantado a Él por lo que el futuro te depara, porque Él ya está allí..."[9]

Oración

Padre, me he sentido tan traicionada —alimentando las heridas del pasado y permitiendo a los recuerdos dolorosos provocarme. En muchas ocasiones he deseado vengarme de aquél que me ha herido. Pero, Señor, tú te identificas con mi dolor ya que también fuiste traicionado, sin embargo no te vengaste. Ayúdame a seguir Tu ejemplo. Elijo hoy el comenzar el proceso de perdonar a aquellos que me han herido y traicionado: _____ (nómbrelos). Renuncio a mi derecho de vengarme, y pido que Tú los juzgues y derrames Tu misericordia.

Señor, líbrame del temor. Reemplaza mi enojo, dolor, vergüenza y sentido de fracaso con Tu paz.

Mientras yo perdono, dejo ir todo el recuerdo doloroso y Te pido que lo borres. Por favor, Señor, ayúdame a seguir adelante con mi vida, y a hacer algo hermoso de estas cenizas de mi experiencia.

Gracias porque Jesús pagó el precio para sanar el corazón destrozado y vendar nuestras heridas. Yo recibo la sanidad que Él me provee. En el nombre de Jesús. Amén.

❧

Nunca sola: Enfrentando la viudez

No temas, pues no serás confundida; y no te
averguences, porque no serás agraviada; sino que te
olvidarás de la vergüenza de tu juventud, y de la
afrenta de tu viudez no tendrás memoria. Porque tu
marido es tu Hacedor, el Señor de los ejércitos es su
nombre; y tu Redentor, el Santo de Israel; Dios
de toda la tierra será llamado.

IsAÍAS 54:4-5

Este dolor, el cual ahora parecía absolutamente abru-
mador, ahora, parecía ser la manera de acercarme a una
relación más estrecha con Dios como nunca antes había
conocido. Porque cuando nos damos cuenta de nuestra
impotencia sin Dios es que Él puede acercarse a nosotros. Fui llevada a estudiar la Biblia y a orar con más
intensidad y a una mayor dependencia en Dios como
mi protector y mi proveedor, ahora que mi esposo
terrenal se había marchado.[1]

RUTH SISSOM

*L*as estadísticas demuestran con claridad que la mayoría de las esposas vivirán más que sus esposos. Nosotras, las mujeres, sabemos que es muy probable que algún dia seremos viudas. Pero muchas no están espiritual y emocionalmente preparadas para la experiencia.

Lavelda es una amiga cuyo esposo de sesenta años de edad, Paul, parecía bastante saludable, a menudo viajaba al extranjero en viajes largos de misiones. Una semana, mientras estaba en casa, en Texas, comenzó a sufrir terribles dolores de cabeza poco usuales, y en unos pocos días un aneurisma cerebral puso fin a su vida. Jamás supo que tenía tan serio problema de salud.

De seguro Lavelda no estaba preparada emocionalmente para este trauma. Pero mientras ella rehace su vida y su identidad, recurre a sus reservas espirituales y confía en su filosofía básica: *Servimos a un Dios fiel.*

«Tengo que creer que estaré bien, y Dios aún me mantendrá en Su paz y en Su amor, aunque mi amor de cuarenta y dos años se ha ido a casa con Jesús —escribió ella—. Tiendo a querer controlar las situaciones para obtener los resultados que deseo, cuando yo lo quiero. Pero a través de los años, por la vía de haber sufrido mucho, he aprendido que mis circunstancias no son una vara de medir el amor de Dios. Cuando estoy atravesando momentos difíciles, o los resultados son decepcionantes, esto no significa que Dios no me ama tanto como Él ama a otra persona.

«Una vez que ya dejé de preocuparme de que si Dios estaba enojado conmigo, pude recibir consuelo de Su Palabra. Tuve que decidir creer que Él decía exactamente lo que quería decir, y rehusar ser robada por la duda. Ahora me doy cuenta que Él me ama tanto como yo le permito a Él que me ame, en cualquier circunstancia».

Lavelda está de acuerdo que ayuda el tener amigos y una iglesia como familia que oren contigo y por ti hasta que sepas en tu corazón que has dejado ir la situación a las manos de Dios. Claro, esa es la parte difícil.

El dejar ir las lágrimas

En medio de estar escribiendo este libro, yo (Ruthanne) hice un viaje de diez días a Tulsa, Oklahoma, para ayudar a mi mamá a mudarse a un apartamento pequeño. Un poco más de un año había transcurrido desde la muerte de mi papá y mi hermano y yo estábamos preocupados porque ella vivía sola en un barrio en decadencia. Nuestras oraciones fueron contestadas cuando le llegó su turno en la lista de espera por un apartamento en un complejo administrado por la iglesia, que provee ayuda especial para los ancianos.

Le era aún difícil dejar la casa donde ella y papá habían vivido juntos por más de la mitad de sus sesenta y tres años de casados. Ver su sala que por lo general estaba ordenada en tal abandono y el amontonamiento de cajas, le produjo lágrimas. Decidir qué hacer con el viejo sillón reclinable de papá produjo lágrimas. Encontrar de forma inesperada algún recuerdo o regalo olvidado hacía tiempo trajo una inundación de recuerdos y lágrimas.

"Estaré bien, sólo necesito llorar un poco" —decía cuando yo trataba de consolarla. A través de dejar correr las lágrimas, parecía encontrar fuerzas para la próxima decisión o tarea a mano.

Cuando me fui, la dejé bien instalada en su casa nueva, con retratos colgados y todo ordenado. Ya estaba visitando a amigos que vivían en el mismo complejo y conociendo sus nuevos vecinos, todos viudos también. Entonces se ofreció para tocar el piano para el servicio de víspera del domingo.

Había cerrado con lágrimas un capítulo de su vida, y ahora abría uno nuevo.

En vez de querer retener las lágrimas, Paula Sandford sugiere que llorar cuando necesitas llorar es importante para el proceso de sanidad. Ella escribe:

> TE EXHORTO A QUE PERMITAS QUE LAS LÁGRIMAS FLUYAN CUANDO TIENES ALGO POR QUÉ LLORAR, Y NO CREAS A NADIE QUE TE DICE QUE LA PENA Y EL DOLOR SON SEÑALES DE POCA FE O DE LA OBRA DEL DIABLO. LA HABILIDAD DE LLORAR ES UN REGALO DE DIOS. AQUELLOS QUE RECIBEN ESE REGALO Y PERMITEN QUE OBRE EN SUS VIDAS DE FORMA APROPIADA, SUFREN MUCHO MENOS DE PRESIÓN ALTA, DE ÚLCERAS, DE DESEQUILIBRIO EMOCIONAL, O DEPRESIÓN, QUE AQUELLOS QUE REPRIMEN Y CONTROLAN SUS EMOCIONES PARA PONER UN FRENTE DE CORAJE.
>
> ...POR LO GENERAL, LA SANIDAD EMOCIONAL NO OCURRE DE FORMA INSTANTÁNEA. DIOS RESPETA TUS EMOCIONES, TU NECESIDAD DE LAMENTAR ALGO POR UN RATO.[2]

El tiempo es precioso

En nuestro libro *Guerra Espiritual: Una guía para la mujer*, compartimos la historia de la lucha del autor Jamie Buckingham con el cáncer. Dios sí contestó la oración de prolongar su vida, pero en 1992 se fue al cielo para encontrarse con su Señor.

Recientemente nuestra amiga Jackie, su viuda, compartió con nosotros su lucha para ajustarse a vivir sin Jamie. Habían estado casados por treinta y ocho años.

«Me hubiera gustado mirar hacia adelante porque la vida es tan breve como un vapor —dijo ella—. Si hubiera mirado hacia al frente, hubiera pasado más tiempo preciado con Jamie, haciendo las cosas que él disfrutaba hacer. Cuando uno se casa, la pareja se convierte en un solo ser. Entonces, cuando tu cónyuge se va, tal parece como si la mitad tuya se esfuma. Me sentía como si una parte mía hubiera sido amputada.

«Es la gracia y la misericordia de Dios la que me ha mantenido. Pude haber cubierto mi cabeza con las colchas y haberme quedado deprimida. Pero tuve que tomar la decisión de que Dios aún ahora, tiene un propósito y un plan para mí. Me despertaba a medianoche orando la *Oración de Jesús*: "Jesucristo, Hijo de Dios, ¡ten misericordia de mi!" Y muchas veces he dicho en voz alta: "Señor, ponle en el corazón a alguien que ore por mí". Cuando siento Su paz venir sobre mí, sé que alguien, en algún lugar, ha estado orando.

«No te das cuenta que Jesús es todo lo que tú necesitas hasta que Él es todo lo que tienes. He aprendido que existe una diferencia entre lamentar y tener lástima por sí mismo, lo último es pecado. De vez en cuando me tengo que preguntar: *¿Estoy lamentando el hecho de que Jamie se ha ido, o, estoy teniendo lástima por mí misma?* De continuo miro al Señor para que me ayude a mantener mi vista fija en Él».

La alabanza trae libertad

Cuando la viudez es repentina trae conmoción y trauma, el ver a tu cónyuge sufrir una larga enfermedad significa un dolor prolongado y ajustes difíciles.

Hacia el final de 1988, el esposo de Lenora de treinta y un años recibió la noticia aterradora de que tenía cáncer. Una amiga le dio esta Escritura, la cual la sostuvo a ella y a Tom a través de muchos días oscuros por venir:

Sacrifica a Dios alabanza y paga tus votos al Altísimo; e invócame en el día de la angustia; te libraré, y tú me honrarás.

Salmo 50:14-15

Después de la primera cirugía de Tom, el cirujano les dijo que encontró cáncer en los ganglios linfáticos. Cuando Lenora recibió esta noticia, fue consumida por un espíritu de temor.

«No pude comer, pensar, ni funcionar por un par de días —ella dijo—. Un día mientras Tom aún estaba recuperándose de aquella cirugía, yo estaba manejando las cincuenta millas de distancia desde nuestra casa al hospital para verlo. De repente, me acordé de la Escritura que mi amiga me había dado, y comencé a alabar a Dios durante el resto del viaje en el auto.

«No tenía ganas de alabar a Dios. De hecho, lo único que casi pude hacer fue llorar y decir: "Alabado seas Jesús. Eres digno de mi alabanza, no importa lo qué esté ocurriendo en mi vida". Hice esto en obediencia a Su Palabra, no porque tenía deseos de hacerlo».

Lenora jamás olvidará lo que pasó aquel día cuando ella entró en la habitación de Tom. El temor se le fue en el momento que entró por la puerta. "Fue algo físico que pude sentir —dijo ella—. Cuando el temor se fue, jamás regresó, aunque aun teníamos por delante una lucha de dos años".

La fe fuerte de Lenora durante este tiempo parecía sostener a Tom. Pudieron llevar una vida casi normal, y no perdieron el tiempo que les quedaba en sentir lástima por sí mismos, o en temer el futuro.

"Pasamos el tiempo acercándonos más el uno al otro y al Señor —nos contó—. No tan solo el temor me dejó aquel día en el hospital, sino que también quedé libre del temor aún después de la muerte de Tom. Ni una sola vez sentí miedo cuando estaba sola. Yo sabía que los ángeles estaban alrededor mío, y que estaba en buenas manos. De hecho, todavía estoy en buenas manos. Y aún hoy estoy libre del temor".

Muchas mujeres nos han contado historias muy parecidas a la de Lenora, que aprender a alabar a Dios aún cuando no tienen deseos, fue un factor principal que les ayudó a atravesar tiempos difíciles.

La escritora de devocionales Ruth Myers, nos ofrece esta observación en cuanto a la alabanza:

Así como el fuego derrite la plata no refinada, trayendo las impurezas a la superficie, así las pruebas traen la "suciedad" a la superficie de tu vida. Cuando tú alabas a Dios en medio de tu prueba, cooperas con Su plan para quitar la suciedad; cuando te quejas, resistes Su plan y revuelves y metes de nuevo las impurezas a tu carácter. ...A través de la alabanza enfocas tu atención en Dios. Le reconoces como tu recurso del poder que vence. Empiezas a mirar a tus problemas desde una perspectiva nueva... Tienes parte en hacer de ellos un preludio a nuevas victorias, la materia prima para los milagros de Dios.[3]

¿Por qué, Dios?

Jessie, una madre de veintitrés años de edad, había estado casada solo cinco años cuando de repente quedó viuda. Un chofer de camión había doblado a la izquierda de forma repentina a través de una carretera congestionada, chocando contra el auto donde su esposo, el pastor Ray, estaba manejando con Jessie y sus dos hijas como pasajeros. Gracias a Dios que ni Jessie ni las niñas fueron heridas seriamente.

No estando preparada en absoluto para mantener por sí misma a sus hijas, Jessie se mudó de regreso a la casa de sus padres con sus hermanos menores. *Viuda* era una palabra que le desagradaba inmensamente, en especial cuando se asociaba con su nombre. Durante el primer año se mantuvo enojada con Dios. ¿Por qué permitiría tal catástrofe en su vida? ¿Como podía dejar a sus hijas sin un padre?

Se lamentaba tanto, que encontraba difícil el orar. Por fin, una noche se tiró a lo largo de la cama y grito en alta voz: "Dios, ¡tienes que ayudarme! No estoy feliz con mi vida".

«El Señor me movió a leer algunas de las epístolas de Pablo —dijo ella—, y este se convirtió en el verso para mi vida: "Pues he aprendido a contentarme cualquiera que sea mi situación..." (Filipenses 4:11b).

«Parecía que Dios me estaba diciendo: "No tienes que estar feliz, pero sí puedes estar contenta". ¡Ya! Desde ese día en adelante le pedí al Señor que obrara la satisfacción dentro de mí. Y a través de los años, cuando las cosas podían enojarme, me daba la satisfacción que necesitaba para atravesar cualquier situación en la que me encontraba».

Jessie nunca había trabajado fuera de la casa, por lo tanto le pidió al Señor que le ayudara a pasar los exámenes de empleos y calificar para algún tipo de trabajo. Aunque no tenía los dos años de universidad necesarios, pasó un examen para el estado de Ohio y la contrataron. Le dio gracias a Dios por su provisión y mantuvo ese puesto por dieciséis años, satisfecha.

Su pilar para la fuerza espiritual era mantenerse activa en la iglesia donde tocaba el órgano y el piano. Los años pasaron. Luego, durante un viaje a Missouri para llevar a una de sus hijas a estudiar en la universidad, Jessie paró a ver a su hermana, y durante la visita conoció a Addison. Después de un noviazgo de cinco meses, a larga distancia, Jessie, ahora de cuarenta años de edad, y Addison se casaron. Su boda se efectuó tan sólo dos meses después de la boda de su hija mayor.

Durante sus años anteriores de soltera, Jessie había orado por un esposo. Su oración cambió después: "Dios, estoy satisfecha. Si es tu plan que yo me case, puedes traer un hombre a mi vida; si no, no te lo volveré a pedir". Y así fue.

Después de ser una viuda por diecisiete años, considera a Addison como un regalo de Dios. Han llevado treinta y dos felices años juntos, y las dos hijas lo aman y le dicen papá. Ya Jessie no le pregunta a Dios: "¿Por qué?"

¿Dónde estás, Señor?

La experiencia de Mignon fue similar a la de Lavelda. Su esposo Dub, era un hombre saludable y vibrante de setenta años de edad cuando una mañana, después de experimentar tan solo un fuerte dolor de cabeza, un vaso sanguíneo se le reventó en la base de su cráneo. Llevado de inmediato a un hospital en una ciudad cercana, le pusieron en la unidad de cuidado intensivo. Mignon oró para que viviera y no se muriera.

"Estaba bombardeando el cielo con la oración, junto a otros que vinieron a orar conmigo —dijo ella—. Entonces me quedé callada mientras estaba sentada a los pies de la cama de mi esposo, y puse mi mano sobre su pierna. Te puedo sentir, Dub, pero realmente tú no estás aquí. Entonces me pareció oír al Señor decirme en voz baja: "Él está conmigo y no quiere regresar".

Mignon alzó sus manos y dijo: "Vé. Yo te suelto".

Una sensación de paz la inundó, y pudo decirle al neurólogo que no era necesario seguir tratando de mantenerlo vivo. Al próximo día ella estaba presente cuando los doctores le desconectaron la máquina para mantener la vida.

"Estaba maravillada de que podía atender a todo con una mente tan clara —recuerda ella—. Nuestros cuatro hijos estaban presentes para ayudar a planear el servicio y para hacer decisiones. Al tratar de levantar mi vida de nuevo, miraba a una de las herramientas de Dub y pensaba: *¿Qué se supone que debo hacer con esto?* Y el Señor me lo mostraba".

Mignon se sorprendió de lo bien que estaba manejando sus emociones. Entonces, como un mes después de la muerte de Dub, entró a la habitación y vio su retrato. *¿Por qué no querías regresar?*; se preguntó en su mente. *¡Cómo te atreviste a dejarme!* Entonces tuvo un período largo de llanto.

"Lloré con tanta fuerza que pensé que se me iba a romper la cabeza y todo lo de adentro se iba a salir —ella dijo—. Pero al finalizar mi llanto dije: Jesús, tú prometiste que nunca me dejarías ni me abandonarías. ¿Dónde estás? 'Aquí mismo', le oí susurrar. Oré: 'Señor, estoy tan cansada, tu das sueño a tu amada...' Poco después caí en un sueño largo, largo y me desperté refrescada, para nunca más llorar a tal extremo".

Entonces un mes más tarde, Mignon se encontró en una depresión muy profunda. Por cuatro días no se levantó ni se vistió, no fue a ningún lugar ni contestó ninguna llamada telefónica. "Al cuarto día me di cuenta cuan egocéntrica yo era —dijo—. Necesitaba ir al mercado, al banco, al correo, para hablar con la gente. Para ocuparme. Jesús salió de sí mismo para ayudar a otros. Yo necesitaba hacer lo mismo, para mi propia sanidad emocional".

Una noche, Mignon soñó que Dub la soltó para que pudiera vivir sin él, y le dio gracias a ella por los veintisiete años de matrimonio que tuvieron juntos. De alguna forma ese sueño trajo fin a esa situación. A veces las personas le preguntaban cuánto tiempo había pasado desde que había perdido a su esposo. "Yo no le he perdido —ella contestaba—. Sé dónde está, en el cielo con el Señor".

Hoy, once años más tarde, está más activa que nunca en su iglesia. Ha ido a la China, a Alemania, a Rusia y a Israel en viajes de gira y de misiones. Basada en su propia experiencia, ella tiene este consejo para otros:

1. *Prepárate para estar sola.* Uno de cada pareja estará solo algún día, a menos que el Señor regrese primero. Así que mientras ambos estén vivos, preparen un testamento. Sepan dónde están todos los papeles importantes y qué hacer acerca de ellos, incluyendo las pólizas de seguro, títulos de propiedades, etcétera. Aprendan a pagar los impuestos y cómo sacar la chapa del auto; encuentren un mecánico bueno que pueda ayudar a mantener su auto andando bien.

2. *Date cuenta que la "primera vez" en todo va a ser una experiencia dolorosa para ti.* La primera Navidad sin tu

amado, el primer aniversario o cumpleaños, cualquier cosa que sea especial para ti. La primera vez que regreses a un restaurante donde iban a menudo puede ser una experiencia horrible. Una vez, mientras esperaba en línea en una cafetería me sentía como si tuviera un cartel colgado alrededor de mi cuello que decía: "Estoy sola". Pero cuando me senté a la mesa y miré alrededor, me di cuenta que también habían otros comiendo solos. Comencé a adaptarme a la idea.

3. *Levántate y trata de nuevo.* Eso es lo que haces si te caes de una bicicleta. Haz lo que acostumbrabas hacer con tu pareja. No te va a matar, se pone más fácil cada vez. En vez de esperar que otros te inviten a hacer cosas, *invítalos* tú.

4. *Ten un miembro de la familia quedándose contigo por algunos días.* Es bueno tener personas amadas al lado tuyo después del funeral para ayudarte a tomar decisiones. No tienes que hacer todo lo que ellos dicen. Sin embargo, por lo general es mejor no hacer decisiones importantes al menos por un año, tal como vender una casa, mudarte, casarte de nuevo.

5. *Diviértete.* Sé una persona divertida con quien estar. Yo no soy una abuela que se queda todo el tiempo en una silla meciendo a los bebés, aunque sí estoy disponible para cuidar de los niños. Después de unos años comencé a tomar clases de baile de cuadrilla, lo cual aún disfruto una noche a la semana. Estoy conociendo personas nuevas. Cuando alguien me pregunta cómo estoy sobrellevando la viudez, les cuento acerca de Jesús, mi compañero y la razón de vivir.

6. *Trata de vivir cada día como si quizás fuera tu último día (o el de tu esposo).* Haz y di lo que dirías si supieras que ese era el último día juntos. Esa actitud de tristeza, ¿es realmente necesaria?

7. *Date cuenta que estar sola no es tan malo.* Tienes más tiempo para leer la Biblia, para orar y alabar, y para ministerios de la iglesia. Ahora puedes leer hasta tarde en la noche si lo quieres, dormir hasta tarde si lo deseas, comer cuando lo deseas. Busca las formas de alcanzar a otras personas. Siempre puedes encontrar a alguien en peor estado que el tuyo.

8. *Cuídate físicamente.* Haz ejercicio apropiado y duerme bien; no comas de más ni te descuides. Come comidas nutritivas y bien balanceadas. Báñate a menudo, mantén tu ropa limpia y ordenada, péinate, ponte algún maquillaje. El reflejo que ves cuando te miras en el espejo tiene un impacto sobre cómo te sientes contigo misma.

9. *Alcanza a otros.* Este último consejo viene de Ruth Sissom, una viuda que sufrió la pérdida repentina y traumática de su esposo. El auto en el cual él se hallaba trabajando se cayó encima de él y lo aplastó, y su hijo adolescente al regresar del colegio lo encontró muerto. En su libro *Instantly a Widow*, ella relata cómo decidió visitar a una viuda abatida de su iglesia, y encontró que esto la ayudó a sobrellevar su propia soledad y dolor. "Ofreciéndome en un esfuerzo para ayudar en la sanidad de otros tuvo un efecto de restauración en mí. Fue la manera más efectiva que encontré para promover la sanidad de mi propio corazón solitario".[4]

Oración

Señor, estoy batallando con mi enojo porque esta pérdida me parece tan injusta. A veces me aguanto de la lástima por mí misma, luego siento una culpa abrumadora en cuanto a mis emociones. Por favor, Señor, arregla mis emociones en medio de esta confusión, y dame tu paz y tu consuelo. Tú dijiste que nunca me dejarías ni me desampararías; hoy me aferro a esa promesa. Ayúdame a mantener mi concentración en Ti mientras camino por este valle. Lo pido en el nombre de Jesús. Amén.

SIETE

Dolor y desilusión con Dios

*Para que sometida a prueba vuestra fe, mucho más
preciosa que el oro, el cual aunque perecedero se
prueba con fuego, sea hallada en alabanza, gloria y
honra cuando sea manifestado Jesucristo.*

1 PEDRO 1:7

El dolor humano es un desarrollo personal, el drama
privado en donde uno se mueve a través de "actos"
específicos... Hay razón para la secuencia, aunque el
acongojado sólo puede sentir desconcierto; y hay movimiento, aunque se sienta estar atrapado en solo una
emoción. Y como esto es la sanidad, siempre y siempre
hay esperanza.[1]

WALTER WANGERIN, JR.

*S*iempre hay esperanza. A veces es muy difícil aferrarse a la esperanza cuando nuestros sueños han sido rotos. Cuando estamos desilusionados con Dios o con nosotros mismos. Cuando nos sentimos abrumados por el dolor.

Pero en medio de los sueños moribundos, siempre podemos escoger el reconocer que *Dios es fiel*. ¿Cómo puede Él producir oro del fuego de nuestra tribulación? En el momento no podemos ver más allá de nuestras crueles circunstancias. Podemos preguntarnos si será posible sobrevivir.

Cuando las esperanzas son destrozadas

Kathryn comparte su lucha de aceptar el dolor y la desilusión de renunciar a un sueño de toda la vida. Cuando se casó por primera vez a la edad de treinta y nueve años, sus sueños de tener hijos de nuevo aumentaron. Al principio parecía que sus expectaciones estaban en línea con la voluntad de Dios, y el futuro brillaba. Pero pronto descubrió que su futuro estaba lleno de incertidumbre y frustración.

Su esposo Andrew, un viudo con hijos mayores se puso de acuerdo para la operación de invertir su vasectomía. Pero Kathryn estaba desconsolada cuando se enteró que el procedimiento había fallado. Ahora, después de más de tres años, su esperanza de tener hijos está desapareciendo; en su lugar hay un agudo dolor que ella siente que quizás jamás podrá dejarla.

"Hemos considerado la adopción —informó ella—, pero nuestras edades nos descalificarían de la mayoría de las agencias. Entonces, un año después que nos casamos, Andrew comenzó a experimentar la depresión, cosa que se puso tan severa que no ha podido trabajar. Mis sueños de ser madre y de servir al Señor junto con mi esposo en el ministerio parecían más y más lejanos. La realidad es que ahora yo estoy trabajando para sostenernos, Andrew está recibiendo ayuda por incapacidad, y estamos en una actitud de sobrevivencia. Es obvio que este no es el momento de ni siquiera pensar en niños".

Quizás tú también has tenido un plan todo trazado para tu vida, y ahora te das cuenta que ese plan tiene que morir al tu ceder a la estrategia oculta de Dios. Encontrarás, así como lo hizo Kathryn, que el amor y la fidelidad de Dios te puede mantener firme a pesar de tus desilusiones.

"En lo más profundo de mi corazón yo sé que Dios tiene un plan maravilloso y asombroso para nuestras vidas, mucho mejor que mi propio plan —dice Kathryn—. Yo confío en Dios. A causa de una liberación muy poderosa por la cual el Señor me llevó durante un período de cuatro años antes de casarme, he desarrollado una confianza profunda y eterna en el Señor, que no importa qué o cuán difíciles sean las circunstancias, mi confianza no podrá ser conmovida»"

Kathryn se aferra de Proverbios 3:5: "Confía en el Señor con todo tu corazón y no te apoyes en tu propio entendimiento". Está aprendiendo a confiar en Él un día a la vez, habiendo aprendido que si se apoya en su propio entendimiento, la vida se hace abrumadora.

"Dios está haciendo una obra tan profunda en nosotros dos; ¿por qué cesaría de repente y nos dejaría colgando? —ella dice—. ¡Él no lo hará! Él dice que es fiel para completar la buena obra que comenzó, pero a Su manera y en Su tiempo. Aunque hemos tenido algunos días muy obscuros, esta experiencia ha hecho nuestro amor más profundo para ambos. Los dos hemos entregado nuestras vidas a Cristo, y fluiremos con Su plan, aunque ahora mismo no tenemos ni la menor idea de lo que es.

«Dios nos ha cuidado maravillosamente. Una bendición adicional es que mi sobrino joven ha llegado a ser como un hijo para mí. Sus padres están separados, y en ocasiones su madre nos ha dejado tenerlo con nosotros durante los fines de semana, lo cual disfrutamos inmensamente. Realmente Dios es fiel, y podemos confiar en Él».

Desilusión y pérdida

Mientras algunas mujeres, así como Kathryn sufren por su incapacidad de tener hijos, otras sufren en gran manera por los hijos que sí tienen. Perder un hijo por muerte es un trauma profundamente doloroso. Pero la angustia de ver a tu hijo rebelarse contra los valores piadosos que tú has tratado de inculcar en él o en ella debe ser igualmente doloroso.

Louise y su esposo estaban desconsolados cuando se enteraron de que su único hijo Barry, escogió seguir un estilo de vida homosexual. Una y otra vez pidieron a Dios que escudriñara sus corazones para ayudarles a hacer sentido de su desilusión. *¿Donde fallamos como padres?* —se preguntaban—. Lo habían criado en la iglesia y en un hogar cristiano, con padres y abuelos amorosos.

Recuerdan que durante los años de adolescencia de Barry, una muchacha que él realmente quería, de repente se murió de un ataque al corazón. Confundido y herido, se enojó contra Dios y poco después comenzó a inclinarse hacia el comportamiento homosexual. Luego decidió "experimentar" y se juntó con amigos homosexuales. Cuando llegó el momento de irse a la universidad la suerte estaba echada.

"Lloramos la terrible decisión que hizo Barry —dijo Louise—. Pero en ese tiempo ninguno de nosotros nos dimos cuenta que eso lo llevaría a su muerte temprana. Era alto, un corredor atlético que disfrutaba de la vida, en especial de viajes por el mundo y vacaciones en las montañas de Francia.

Después que tomó un trabajo en una universidad en un estado distante no lo veíamos a menudo, pero nos manteníamos en contacto con él y le dejábamos saber que le amábamos. Lamentamos el hecho de que Barry jamás conocería el gozo de ser padre y que nosotros no tendríamos sus hijos como nietos apreciados".

Llegó el día en que Louise y su esposo se enteraron que su hijo había desarrollado el SIDA.

"El temor a la muerte fue insoportable para Barry, y para nosotros también —compartió Louise—. Sus médicos opinaban que él debía estar en una residencia para los enfermos desahuciados, ya que tendría que estar postrado en cama por cuatro meses. Pero siete de sus amigos habían muerto en residencias para el SIDA. 'No podría sobrevivir ahí ni un día' —nos dijo—. 'Por favor, déjenme estar en mi propio hogar'. Estuvimos de acuerdo, luego organizamos de nuevo su apartamento como una residencia de enfermos, y alquilamos un apartamento al otro lado del pasillo para nosotros. Me quedé allí, y mi esposo e hija venían lo más a menudo posible para estar con nosotros.

«Las enfermeras le ayudaban veinticuatro horas al día, mientras Barry perdía la vista, luego desarrolló tuberculosis de los huesos y sufría un dolor espantoso. Equipos especiales aliviaban la incomodidad de las llagas por estar mucho tiempo en cama, pero nada podía matar el dolor por completo.

«Debe haber orado la oración del pecador por lo menos veinte veces —ella dijo—, pero no vimos ningún fruto de salvación. Mientras se ponía peor, me suplicaba a mí y a los médicos para que hiciéramos algo para ayudarle a morir, lo cual por supuesto no podíamos hacer. En un momento dado llegamos a pensar si Dios se había dado por vencido con él, pero seguíamos orando y confiando en que Dios iba a interceder».

Alrededor de este tiempo, Louise tomó un descanso para poder asistir a una conferencia internacional para la mujer.

Ahí conoció a una amiga que le compartió acerca de su yerno Jack que ministraba a las víctimas del SIDA en residencias para enfermos desahuciados. De forma increíble él vivía en el área de Barry. De regreso al lado de su hijo, Louise le preguntó si permitiría venir a Jack y él estuvo de acuerdo. Jack llegó a la puerta de ellos una hora después que ella llamó a su amiga. Los dos hombres jóvenes, casi de la misma edad, establecieron al instante una buena relación.

"Jack venía casi todos los días, desarrollando una amistad, ayudando a dar de comer a Barry, e incluso quedándose toda la noche para que yo pudiera dormir cuando no venía la enfermera —dijo Louise—. Una y otra vez él lo llevó a las Escrituras, compartiendo con amor su necesidad de tener un arrepentimiento completo para poder disfrutar de la paz de Dios. Jack también enlistó a muchas personas para que oraran para que él pudiera llegar a Barry.

«'Barry, ¿puedes ver que la Escritura dice esto?...' —le preguntaba, yendo a pasajes que revelaban que la homosexualidad no es el plan de Dios. Pero Barry seguía insistiendo: '¡Dios me hizo así!'

«Jack le dijo: 'Barry, Dios no hace a un ser humano de una forma y luego dice en la Palabra que es pecado. Dios no miente ni contradice Su Palabra. Él quiere que tú veas que la razón por la cual no tienes paz y tienes miedo de morir es porque este estilo de vida, esta forma de pensar, no es de acuerdo a Su plan santo. Y cuando estás fuera del plan de Dios, no hay paz, no hay descanso, no hay consuelo'.

Barry se puso ciego por completo y no había comido por nueve días. El esposo de Louise vino para estar con ella, y entre sus amigos que oraban declararon un ayuno, apoyándose en Proverbios 11:21: "La descendencia de los justos será librada".

Un amigo llamó por teléfono a las dos de la mañana y dijo: "Louise, siento que debes ir ahora mismo y ungir los ojos de tu hijo con aceite y clamar Santiago 5:14 para sanidad". Sacó a su esposo de la cama, se tiraron la ropa por encima, cruzaron el pasillo y despertaron a Barry. La enfermera de la noche pensó que estaban locos, pero le ungieron con aceite y oraron. Cinco horas más tarde la enfermera vino volando por el pasillo para llamarles.

"Cuando llegamos a su lado, Barry estaba parpadeando sus ojos —reportó Louise—. Él dijo: '¡Puedo ver la luz del sol! ¡Puedo ver la luz del sol! Papi, puedo ver tu cara. Mamá, te estoy empezando a ver. ¡Eres bella!' Cuando alcé un ramo de brezo de lavanda y lo acerqué a su cara, sonrió y se regaló los ojos con la planta. Momentos después su vista se fue y ya no podía ver. Pero esa restauración breve de su vista fue una señal para nosotros de que Dios le había tocado; aún estaba oyendo nuestras oraciones".

La próxima mañana Barry le contó a sus padres una visión dramática que tuvo durante la noche. "Vi esta mano grande sosteniendo un libro grande —dijo—. Una voz amorosa dijo: 'Barry, este libro es tu vida, y dentro de ella hay páginas negras. Vamos a sacar estas páginas negras, una por una, y ponerlas sobre la mesa. Quiero que tú me confieses el pecado de cada página negra'.

Luego añadió: "Mamá, ¡es asombroso! Me siento ya lavado, ¿será esto liberación? Mejor que llames a Jack aquí. Ahora entiendo las cosas que ustedes dos me han estado diciendo durante tres meses, y entiendo que mi estilo de vida es malo. He perdido tantos años, ¿me podrás perdonar?"

"Parecía como si Dios hubiera quitado de forma sobrenatural el velo de oscuridad de sobre sus ojos —informó Louise—. Dios Todopoderoso abrió paso y reveló su misericordia a nuestro hijo".

Jack vino y pasó el día con Barry. Más tarde le contó a Louise que muy al descubierto Barry sacó las páginas oscuras del libro de su vida y confesó sus pecados mientras pasaron horas hablando.

"Al final, mi hijo en realidad nació de nuevo —dijo ella—. Aunque ciego y casi paralizado por completo, al fin él podía ver con ojos espirituales, y tenía paz con Dios. Durante los últimos diez días de su vida les contó a todos los que le visitaban, muchos de la comunidad de homosexuales, acerca de su transformación maravillosa.

«Me gustaría que tú lo pudieras ver, mamá —me dijo un día cuando el Señor le dió una visión del cielo—. Francia no llega ni a los talones de esto. Luego describió un río de cristal así como se menciona en Apocalipsis 21. Unos días más tarde dijo: "Mamá, ¿no puedes sentir la brisa maravillosa que está soplando en esta habitación?" Solo él podía sentir el viento del Espíritu Santo. Entonces dijo que veía en su mente un retrato de él corriendo de nuevo.

«Cariño, estás de pie ante un velo que está por partirse —le dije—. Cuando te bajes de esta cama y atravieses el velo caminando, irás corriendo de nuevo dentro de tu cuerpo nuevo celestial, corriendo y saltando y alabando a Dios.

«Oh, mamá, te amo tanto... —dijo—. Yo no sabía que eso sería lo último que me diría. Pero esas últimas palabras han sido mi continuo consuelo».

Después de su muerte, la familia tuvo una celebración por la vida de Barry en una iglesia local, y el pastor compartió el mensaje del Evangelio del amor y perdón de Jesús. Es posible que muchos de los no creyentes allí lo oyeran por primera vez.

«Barry está en casa con el Señor, y ya no tiene dolor —meditó Louise—. Le extrañamos terriblemente, pero a esa casa iremos todos si conocemos a Jesús. Por Barry haber rendido su voluntad a Jesús, Dios nos inunda de esperanza de una vida eterna juntos. Sus treinta y tres años aquí son un lapso de tiempo corto comparado con la eternidad. Al paso del tiempo y cuando en ocasiones me siento añorando a mi único hijo, el Señor me recuerda las palabras que Él habló a una amiga en Nueva York, cuyo hijo había sido asesinado: 'Yo tengo tu hijo, y tú tienes el mío'».

Conociendo Su voz

Cuando se ora para la salvación de un individuo, así como Louise y su familia hicieron por Barry, podemos estar seguros de que nuestra oración está en línea con la voluntad de Dios. Pero en otros casos, el plan de Dios puede estar oculto por nuestros propios deseos.

Cuando estamos convencidos de que las cosas por las cuales estamos orando, nuestros sueños y metas, realmente valen la pena, es fácil asumir que Dios desea ayudarnos a alcanzarlos. Ceder nuestras propias ideas para abrazar Su plan no viene con facilidad.

Es probable que la mayoría de nosotros hayamos luchado con duda y desilusión cuando pensábamos que estábamos orando de acuerdo a la voluntad de Dios, pero entonces nuestras expectaciones no fueron alcanzadas. Un deseo fuerte, aún cuando tiene motivos puros, puede impedir nuestra capacidad de oír a Dios con claridad. A veces, cuando nos equivocamos, podemos tan solo reconocer que nos equivocamos en cuanto a nuestra "palabra oída de parte de Dios" y no pasa nada. Pero en otros momentos, luchamos por resolver la situación, cuando el enemigo ataca nuestras mentes. "¿Qué te hace pensar que has oído de parte de Dios?", él nos provoca diciendo.

Muchas veces a través de los años yo (Ruthanne) he luchado con esta pregunta, y poco a poco he llegado a varias conclusiones:

1. En la mayoría de las situaciones, es mejor tener una confirmación de "mi dirección de Dios", de alguien que no está tan involucrado emocionalmente en el asunto como lo estoy yo. Su objetividad me puede proteger de la decepción. Y, claro, cualquier cosa que siento que sea una palabra de Dios tiene que alinearse con la Escritura y con el carácter de Dios.

2. Aún si oigo el corazón de Dios en referencia a una situación en particular, necesito reconocer que Dios honra la voluntad propia de una persona. A veces la decisión errónea de una persona, ya sea mía o de los demás, puede sabotear el mejor plan de Dios. En esta ocasión, puedo pedirle a Dios que haga una obra de gracia a pesar de las circunstancias.

3. En algunas ocasiones, los sucesos más tarde confirman que en realidad he oído de Dios pero me equivoqué en cuanto al tiempo. Alguien alguna vez dijo: "Dios nunca está tarde, pero pasa por muchas oportunidades para estar temprano". Es importante buscar dirección clara en cuanto a tiempo.

4. A veces mi único recurso es entregarle a Dios lo que yo pensé era su plan revelado. Mi oración se convierte en: "Señor, no entiendo en lo absoluto lo que está sucediendo. Pero te entrego a ti mis propios deseos y expectaciones en esta situación. Declaro Tu Señorío sobre mi vida, y escojo creer que Tú me amas. Por favor, revélame mis actitudes que necesitan cambiar, y permíteme hacerlo. Gracias que en el ámbito no visto Tú estás trabajando en personas y en eventos de tal forma que a la larga te traerá gloria. Señor, mi fe está en Ti, no en mis circunstancias. Ayúdame a caminar en tu paz. Amén".

Dios lo ve todo

Hace poco yo (Ruthanne) leí un relato que ilustra estos principios en una forma radical. El pastor Herman Riffel había sido invitado a acompañar a un pastor vecino para enseñar en una gran conferencia de hombres en Haití. Le dio a su amigo un sí tentativo, luego le pidió a su esposa que orara con él al respecto. Para su sorpresa su esposa sintió algo en su espíritu. Ella siguió orando aunque no pensó que él debería ir.

Unos días más tarde ella dijo: "Herman, después de todo, creo que debes ir". De inmediato sintió de nuevo una inquietud en cuanto al viaje, pero esperó hasta el tiempo de oración de la mañana siguiente para mencionarlo. Ella le contó cuan mal se sintió por no estar de acuerdo con él anteriormente, pero la inquietud seguía ahí. "Creo que me equivoqué al aprobar el viaje", concluyó.

Al buscar del Señor, el pastor Riffel se dio cuenta que el Señor no le estaba diciendo que fuera en el viaje; era su simpatía por los pastores haitianos. "A menudo Dios usa la simpatía para aquellos en necesidad —él dijo—. Pero la simpatía no es necesariamente la voz del Señor..."

Canceló su viaje a Haití. Y cuando la conferencia se terminó, su amigo pastor le informó: "Las cosas no salieron de la forma que nosotros planeamos en lo absoluto, Herman. Menos mal que no fuiste con nosotros".[2]

Como nosotros no podemos ver el final desde el principio como Dios lo ve, tenemos la tendencia de interpretar las circunstancias basados en un entendimiento muy limitado. Por eso, nos hace falta que el Espíritu Santo nos guíe. En el caso del pastor Riffel, su guianza vino a través de la revelación de su esposa, y parecía ir contrario a su propia impresión de la situación. Pero él fue suficiente humilde como para cambiar sus planes basado en la experiencia de ella. Esto es un ejemplo de la fuerza que uno puede encontrar al orar con un esposo o esposa piadosa o con un compañero de oración, especialmente en cuanto a asuntos de guianza divina.

El lamento por la pérdida de un aborto natural

Deena y su esposo se casaron alrededor de los treinta y cinco años, trayendo consigo sus sueños atrasados de tener una familia. Esperaban regocijarse pronto en los primeros pasos de su primer bebé. En cambio, se encontraron siendo ellos los que tomaban pasos inestables a través del lamento de la pérdida de su bebé.

"Cuando me di cuenta del sangramiento por primera vez, el pánico subió por mi garganta como algo viviente —dijo Deena—. Luego, en la sala de reconocimiento del hospital, le pregunté al técnico del equipo de ultrasonido: '¿Es ese el bebé que estoy viendo?' Yo sabía lo que significaba cuando quitó la vista de la imagen en la pantalla y contestó con cuidado: 'Necesitamos que tu doctor hable contigo ahora mismo'.

«'Adiós, pequeñito'. Eso era lo que quería decir, un adiós desgarrador, un adiós inconcebible. Quería decir que la imagen borrosa en la pantalla del ultrasonido sería el primer y último retrato de mi bebé tan esperado. Quería decir que nuestro bebé había pasado por una puerta que solamente abría de un lado. No podíamos seguir, ni suplicar, ni tocar, ni gritar: '¡Espera, bebé, te amamos!' Este tipo de cosa sucedía a otros, no a nosotros. Por favor, Dios, no a nosotros».

Los doctores quitaron del vientre de Deena toda evidencia de vida. Entonces ramos de flores aparecieron en su portal. ¿Cómo podía ser esto? Iba a ser madre el martes; para el miércoles ya no era así. Todo parecía como una pesadilla.

"Me preguntaba si jamás podría dejar de sufrir; si mi vida podría ser normal otra vez —dijo ella—. Mi bebé se había ido; mi jornada de sufrimiento había comenzado".

Por el camino de esta peregrinación de sanidad, Deena hizo una lista de las cosas que le consolaban y que le traían esperanza. Ella las comparte para ayudar a otros a luchar con su propio dolor.

- *Mi bebé es mío para siempre y está vivo en el cielo.* Distinto al mensaje proclamado por nuestra cultura, mi bebé no fue una bola desechada de tejido. La Biblia está llena de afirmaciones de que desde el momento de la concepción, somos creaciones eternas, conocidas y amadas íntimamente por Dios (vea Jeremías. 1:5, Salmo 139, Isaías 49:1). Mi bebé pasó de esta vida, yendo en forma directa desde mi vientre al cuidado tierno de Dios en el cielo. Pero eso no invalidó su vida. No importa en qué etapa de desarrollo estaba, era una bebé real. Hoy sigue siendo una persona valiosa con un espíritu y destino eterno.

- *Yo veré a mi bebé otra vez.* Aunque fue difícil ver más allá del crudo dolor de mi pérdida, no estaba experimentando la agonía del desespero. Por causa de Jesús, no había tan solo esperanza y sanidad para mí, sino también una cierta realidad de la vida de mi bebé más allá de la tumba. Algún día en el cielo le reconoceré, me reuniré, le sostendré y pasaré tiempo con mi hijo. Eso será nuestro tan esperado momento de gloria, para estar juntos.

- *La vida de mi bebé no dependía de nada que yo hiciera o dejara de hacer.* Después de mi aborto natural, voces de condenación en mi interior me hablaban bajito de que debí de haber orado más, que debí haberme preocupado menos, que no debí haber tomado esa aspirina, que no debí haber levantado esto o lo otro, no debí haberme hecho un permanente, y cosas semejantes. Fue la cosa más difícil, pero más sanadora del mundo enfrentarme por fin a la verdad dolorosa: la pérdida de mi bebé estaba simplemente fuera de mi control. Sí, yo era responsable del cuidado razonable en cuanto a mi cuidado, pero en última instancia la vida de mi bebé siempre había reposado en Dios.

- *Dios no permitió que mi bebé se muriera para enseñarme algo; ni tampoco el diablo se llevó la vida de mi bebé.* Luché con la idea de que si mi pérdida fue la forma de Dios decirme que Él no confiaba en que yo fuera una madre buena. Me tomó tiempo ver qué clase de mentira fue esa. Otros se han preocupado de que una pérdida es el castigo de Dios por un aborto, permisividad sexual, o algún otro pecado. Mientras es verdad que nuestra conducta puede causar tristes consecuencias naturales, Dios nunca nos castiga en ira robándonos de la vida. La Biblia claramente nos dice que la muerte de Jesús en la cruz terminó con toda la ira de Dios contra nosotros. Y yo no creo que el diablo tiene el poder sobre la vida y la muerte; la Biblia nos dice que Jesús tiene esas llaves (vea Apocalipsis 1:18). El poder que el diablo sí tiene es el poder de mentir y de engañar.

- *Descubrir que Dios entiende la profundidad de mi dolor hizo toda la diferencia.* Jamás imaginaría correr con una pierna rota, pero después de nuestra pérdida, me sentí obligada a tratar de seguir como siempre con la vida, con un corazón roto. Me tomó tiempo aceptar que para Dios era más importante consolarme que cualquier cosa que yo pudiera hacer o ser para Él. Él me aceptó y me amó allí mismo donde yo estaba, rota y confundida. Él estaba al lado mío cuando yo lo sentía y cuando no lo sentía, porque Él promete estar cerca del quebrantado de corazón.

- *El abrir mi corazón hizo maravillas.* Poder hablar acerca de nuestra pérdida fue la cosa más terapéutica que pude haber hecho. Hablaba con cualquiera que me escuchara; también encontramos de mucha ayuda el grupo de apoyo para recuperación del dolor. Yo, en especial, necesitaba expresar mi amor y anhelo por mi bebé. Sin los símbolos normales de pérdida, ningún mechón de pelo, ninguna fotografía, ningún obituario, ningún funeral, tal parecía que mis palabras y mis hechos eran lo único que me quedaba para honrar y recordar a mi bebé. Poco a poco pude decir adiós.

- *Yo necesitaba llorar a menudo.* El consuelo de dejar ir y la sanidad que se encuentra en las lágrimas aún es un misterio para mí. Perder mi bebé fue unos de los momentos más vulnerables de mi vida; mi dolor y mi confusión iban más allá de las palabras. Necesitaba llorar, y llorar, y llorar un poco más. Descubrí que la pena expresada era dolor y desilusión liberadas. Llorando cuan a menudo fuera necesario y el tiempo necesario, me ayudó a entrar en la esperanza y el compromiso de seguir adelante a través de este tiempo de quebrantamiento.

* *Ser buena a mí misma todos los días se convirtió en un arte nuevo y maravilloso de la vida.* Durante el tiempo de mi pérdida, rara vez me permitía pensar mucho acerca de mis propias necesidades. Todos los "deberías" obligatorios tendían a dominar mi día. Si era muy doloroso para mí, necesitaba permitirme ser excusada de cosas tales como fiestas de niños, fiestas para las embarazadas, eventos de familia, o servicios de la iglesia del Día de las Madres. También descubrí cuán reconstituyente podían ser los "consuelos de la criatura". Cosas tan simples como un baño caliente, una toalla gruesa, ciertas fragancias, música, un libro nuevo, fotos de viajes, flores frescas, un camisón lindo, una película graciosa, lugares especiales, o una merienda favorita eran económicos pero fáciles consuelos que calmaban mi corazón. El dolor se convirtió en mi extraño maestro que me ayudaba a hacer tiempo y espacio para el consuelo en mi vida.

* *Aprender algunas cosas prácticas acerca del dolor y la pérdida me ayudó a poner mi corazón estable.* El dolor, así como un feo intruso, invadió mi corazón, derrumbó mi teología, desgarró las partes más íntimas de mi vida. Me resistí a familiarizarme con este extraño. Comencé a aprender acerca del proceso del dolor a través de libros y las experiencias personales de los demás. Me sentí menos aislada al darme cuenta que yo estaba experimentando las mismas etapas de dolor comunes a cualquier pérdida; conmoción, rechazo, ira, esperanza, regateo, pérdida de esperanza, aceptación, y resolución.

Nadie más era la madre de mi bebé, por lo tanto mi pérdida era única. Pero esta huella torcida de dolor, yendo para arriba y para abajo, era conocida a los demás que habían estado allí con sus pérdidas, y eso me dio esperanza y consuelo. Aprendí que no hay dos personas que se lamenten de la misma manera y que la duración del dolor es diferente para cada persona.

Así como con muchas mujeres, el aniversario de mi pérdida fue doloroso, o aún más que el evento mismo. Pero después de ese marcador de un año, la recuperación se aceleró. Me acuerdo un día dándome cuenta de que estaba terriblemente cansada de estar triste. Sentí una chispa de interés de salir de compras por un vestido de primavera en colores. Venía la mañana y yo estaba lista para continuar.

- *Ponerle un nombre a nuestro bebé me ayudó a sanar.* Después de casi cinco meses de la pérdida escogimos el nombre Amanda, que significa "digna de ser amada". Ahora no habíamos simplemente perdido un embarazo o un bebé, habíamos perdido a Amanda, una persona muy real. Tantas cosas que no podríamos hacer para o con nuestro bebé, pero el regalo de un nombre fue nuestro recuerdo amoroso. Era nuestra forma de decir: "Tu vida fue corta, pero nos importó tanto a nosotros. Te amamos, nuestro regalo de parte de Dios, y siempre serás parte de nuestra familia".

- *Llegué a apreciar las victorias pequeñas y las sorpresas personales de Dios.* Regresando una noche del supermercado, una maravillosa comprensión de repente inundó mi mente. La primera cara que mi bebé vio fue la cara de Jesús. Imagínate, ¡abrir tus ojos en el primer día de tu vida y mirar la cara tierna de tu Creador!

Además de estas lecciones, Deena continuó compartiendo: «De repente me di cuenta un día que yo estaba enojada con mi propio cuerpo por no haber provisto santuario para el bebé que quise con todo mi corazón. Por instinto, me puse las manos y en efecto dije: "Cuerpo, te perdono. Has sido hecho asombrosa y maravillosamente; gracias por servirme bien todos estos años. Eres el templo del Espíritu Santo, dado por Dios a mí. Te bendigo". Este fue un paso inesperado pero importante para reconciliarme conmigo misma.

«Varios meses más tarde pasé por enfrente a una tienda de maternidad en el centro comercial. De repente, algo dentro de mí se levantó con fuerza y determinación.

«No sé las implicaciones teológicas de lo que hice a continuación, pero entré a la tienda y me paré entré los percheros de ropa. En mi corazón dije algo como: "Diablo, no me vas a atemorizar o a impedir ser mamá. No sé cómo ni cuándo, pero un día regresaré a esta tienda. Y voy a regresar aquí porque voy a estar llevando una nueva vida dentro de mí. Mi Dios me va a ayudar".

«Fue una manera extraña de expresar mi fe, de enfrentar mis peores temores, y alinearme yo misma con Dios. Pero trajo gran alivio. Y, ¡oh, qué celebración cuando sí regresé a esa misma tienda, triunfante, en cinta y lista para comprar!

«Hoy día nuestro hogar está bendecido con dos hijos saludables».

Oración

Gracias, Dios, que Tú no haces errores, y por la seguridad de que estás con nosotros ahora, ya estemos en gozo o en tristeza. Señor, Tú prometiste dar gozo en la mañana, luego lo demostraste en el Día de la Resurrección. Tú sufriste nuestros dolores. Tú entiendes. Y por medio de ti tenemos vida eterna y esperanza. Manténnos lejos de la lástima hacia nosotros mismos, pero ayúdanos a caminar hoy en esa esperanza, permaneciendo nuestros ojos fijos en ti. Te alabo, Señor. Amén.

OCHO

Cuando oras por sanidad

*Porque no tenemos un sumo sacerdote que no pueda
compadecerse de nuestras debilidades, sino uno que fue
tentado en todo según nuestra semejanza, pero sin
pecado. Acerquémonos, pues, confiadamente al trono
de la gracia, para alcanzar misericordia, y hallar gracia
para el oportuno socorro.*

HEBREOS 4:15-16

POR LOS SUELOS

Cuando estás débil, enfermo y solo, cuando no estás seguro
de lo que está sucediendo en tu vida,

Cuando todo lo que ves de tu futuro es un camino que se
desvanece en la neblina,

Cuando estás confuso por tus propios pensamientos y sentimientos.

En tales momentos como estos *aún* hay esperanza.

El Señor es fuerte, está alerta y está involucrado.

Con gran ternura Él supervisará los eventos en tu vida.

Su presencia está en el ahora y en la eternidad.

Dios es el Maestro Alfarero, quien sabe cómo hacer un
sueño, mandado a hacer a la medida.

En todo momento Él conoce nuestra vida interior y se
preocupa y entiende.

Por tanto, confía en la *Roca.* Eso es lo primordial.

JERRY L. SANDIDGE

125

*S*ana Dios aún hoy?

Por cientos de años los cristianos han discutido esta pregunta. La mayoría de las personas creen que Dios, quien es todopoderoso, puede sanar. Pero, ¿lo hará? Y, ¿bajo qué condiciones?

Sanar fue un sello distintivo en el ministerio de Jesús en la tierra, y tambien de la iglesia del Nuevo Testamento. Lucas dice acerca de Jesús: "Pero su fama se extendía más y más, y se reunía mucha gente para oírle y para que las sanase de sus enfermedades" (Lucas 5:15).

Y a la iglesia primitiva le fue dada instrucciones: "¿Está alguno enfermo entre vosotros? Llame a los ancianos de la iglesia, y oren por él, ungiéndole con aceite en el nombre del Señor. Y la oración de fe restaurará al enfermo, y el Señor lo levantará" (Santiago 5:14-15).

Sí, definitivamente nosotros creemos que Dios sana aún hoy. En ningún lugar la Biblia enseña que la sanidad divina terminó con la era del Nuevo Testamento.

A través de la Biblia, el pueblo de Dios es exhortado a orar por sanidad, pero ninguna fórmula específica es dada que garantice que la sanidad vendrá siempre. Tan sólo reconocemos que es nuestro asunto el orar, y el sanar es asunto de Dios, ya sea a través de la oración, tratamiento médico, o poderes naturales de recuperación.

Jesús sanó de diferentes maneras a las personas y bajo condiciones variadas, así como lo hicieron sus discípulos. Nadie puede explicar por qué algunos que aparentan orar con fe no son sanados. Ni por qué otros cuya fe tambalea experimentan la sanidad. Ni por qué algunos reciben solamente una sanidad parcial. Ni por qué algunos mueren de una muerte que a nosotros nos parece extemporánea.

Pero nosotros sí *podemos* establecer nuestra fe sobre la validez de la Palabra de Dios y de su tremendo poder, aún cuando no podemos entender sus caminos.

En este capítulo compartimos relatos de aquellos que han orado por sanidad con diferentes resultados. Pero no importa el resultado, Dios obró poderosamente en cada caso.

Ninguna crisis es más grande que Dios

Sharon Spencer, cuya fe fue retada en forma consecutiva en cuatro traumas de familia, es la esposa de un pastor de Texas. Dick, un hombre de negocio así como pastor, era energético y parecía saludable. Nunca habían tenido una crisis seria de salud en su familia inmediata, pero muchas veces habían orado por otros y los veían sanar. Luego, sin aviso, Dick cayó con un serio ataque al corazón.

"El día que eso ocurrió, mi vida sobre esta tierra cambió —dice Sharon—. Sentí temor, enojo, dolor, lástima por mí mima, frustración y resentimiento, todo aparecía al mismo tiempo. Pero esas emociones estaban en mi alma. En mi espíritu yo tenía la paz que solo Jesús da. Una y otra vez, tenía que *escoger* el permitirle habitar en mí cuando mis emociones querían correr como locas".

Cinco días de tratamiento en el hospital, y la oración intensiva de los amigos que se habían reunido en el hospital, fue lo que les permitió atravesar esa crisis, en especial cuando surgían reacciones peligrosas por la medicina. Aunque siempre había sido una mujer de oración, la vida de oración de Sharon aumentó mucho después de este evento. Poco después Dick, estaba de regreso en el púlpito, con vigor y mucho más sensible a las necesidades de otros que antes. Pero exactamente tres meses después tuvo otro ataque al corazón aún más fuerte que bloqueó cinco arterias.

"La crisis anterior me había preparado para esta —informó Sharon—. Una vez más llamé al cuerpo de Cristo para oración, y el Espíritu Santo le reveló a muchos cómo luchar por la vida de Dick. En mi debilidad clamé a Dios, y una vez más Él fue mi fuerza".

Llevaron a Dick al hospital con prisa y muy pronto había un equipo fresco de cirugía listo para hacer la cirugía de anastomosis. Sharon pudo dejar el asunto en las manos de Dios cuando se llevaron a Dick al salón de operación.

"Dios respondió a nuestras oraciones en acuerdo —dijo ella—. La cirugía fue un éxito; la recuperación fue cubierta de gracia y misericordia. Día tras día, el amor de Dios echó afuera todo temor mientras manteníamos nuestros ojos en Él".

Para ambos, Sharon y Dick, la experiencia entera les sirvió para profundizar su fe y su testimonio. Pero las pruebas para esta familia no habían terminado. Como un año más tarde, Sharon se despertó en la noche y sintió ser instada a orar por su hijo menor de treinta años, Greg.

"Sentí que el Señor me dijo que pusiera a Greg sobre el altar de la misma forma que Abraham hizo con Isaac, y que Dios iba a proveer para él —dijo ella—. Oré en alta voz en la oscuridad: 'Señor, pongo a mi hijo sobre el altar, y creo que Tú provees para su sanidad'. Yo estaba consciente de que Greg no se había estado sintiendo bien, y fue para hacerse una tomografía axial computarizada (TAC).

«Yo estaba en la iglesia cuando llegó la llamada con los resultados asombrosos del exámen: Greg tenía un tumor en el cerebro; el temor y el asombro no me sobrecogieron. Sentí la paz de Dios de inmediato. Él iba a proveer».

Sintiéndose inquietos después de la consulta con un neurocirujano en la ciudad grande más cercana, Greg y Dick volaron a Los Ángeles para buscar la opinión de otro cirujano. La cirugía estaba programada para el próximo día.

"Cuando nos dijeron que el procedimiento podría causar la muerte o ceguera, sentí que un espíritu de muerte quería de nuevo invadir nuestra familia —dijo Sharon—. Tuvimos que llevar las riendas de nuestras emociones a la paz de Jesús, y acordarnos que el poder de la oración podía cambiar la atmósfera y las circunstancias. Durante las doce horas de cirugía, Dick, y nuestra nuera y yo esperamos juntos. Pero sabíamos que las oraciones de muchos nos estaban sosteniendo, y me sostuve a la palabra que el Señor había dicho acerca de su provisión. ¡Cuán agradecida estoy de saber que puedo oír su voz!".

La cirugía fue un éxito y el tumor era benigno, aunque Greg sufrió algunos daños en los nervios faciales y la pérdida auditiva en un oído. Los primeros días después de la cirugía trajeron muchos problemas, pero al surgir cada emergencia Sharon y Dick llamaban a casa pidiendo la oración específica, y la dificultad se solucionaba. Aún en medio de su crisis, tomaban toda oportunidad para compartir su fe con otros en el hospital y durante esos diez días llevaron a dieciocho personas al Señor.

Hoy día Greg y su joven familia se regocijan en la fidelidad de Dios hacia ellos. Queda muy poca evidencia del daño a los nervios en su cara y están creyendo a Dios por la restauración de su oído.

Una nueva misión de oración

Cuando estas crisis ya pasaron, el interés mayor de Sharon en cuanto a la oración continuó. Luego un día sintió que el Señor le dijo: "Te estoy poniendo en una misión de oración por tu hijo Eric". Este es su hijo adoptado que es sólo unos meses mayor que Greg. Hacía unos meses que había estado batallando con estrés poco usual, tensión nerviosa emocional, y problemas de la vista.

«Para mí, esto significaba más oración que lo normal, buscando dirección de la Palabra de Dios para Eric, y haciendo batalla espiritual por su bienestar físico —dijo Sharon—. De nuevo, Dios me preparó para lo que había por delante».

Alrededor de tres semanas después que comenzó esta misión de oración, Eric fue a un oftalmólogo para un examen de la vista. Llamó a su mamá para que lo viniera a recoger después que el examen terminó.

"Entró al auto afectado emocionalmente —contó Sharon. ¡Dicen que tengo un tumor en el cerebro! ¿Puedes creer eso? —dijo él—. Ninguno de nosotros habíamos ni siquiera sospechado de un tumor, pero sentí como si Dios hubiera dejado caer una vara de fuerza dentro de mi espíritu. Su paz se apoderó de todas mis emociones, ¡ese es el poder de Dios! Pude consolarle con calma, luego conducir hasta la casa de Eric para contárselo a su esposa, y llamar a Dick".

Aquella noche las pruebas del hospital confirmaron el diagnóstico, y una vez más hicieron una llamada para oración. La situación era crucial; dada la localidad y el tamaño del tumor, Eric podría perder su vista o su vida en cualquier momento.

"Pero el tiempo y la dirección de Dios fueron increíbles —informó Sharon—. De nuevo estábamos en una tormenta, pero nuestra ancla de fe se mantuvo. Durante una gran parte de su vida, mi hijo había sufrido un sentido de rechazo, nunca conociendo en realidad el amor de Dios ni la aceptación de su padre. Por años éste problema había sido mi objetivo de oración. La noche antes de la cirugía en un hospital de Dallas, Greg vino para consolar a su hermano y a orar para que Dios se revelara a Eric en una forma muy especial".

Un sinnúmero de personas estaban orando en casa, y el cirujano que era cristiano, una autoridad reconocida en este procedimiento muy arriesgado, oró con la familia antes de la cirugía. La operación fue un éxito y el pronóstico excelente. Pero Sharon sabe que Dios hizo mucho más que salvar la vida de Eric y su vista.

"Después de la cirugía entré en la unidad de cuidado intensivo para verle —dijo ella—. Eric alzó la mirada y dijo: 'Mamá, vi la luz de nuevo, como en la Calle Neely'. Cuando él tenía siete años de edad nosotros habíamos vivido en esa calle, y Eric había soñado que estaba en una cueva muy oscura. Había oído una voz que lo llamaba para que saliera; mientras lo hacía, vio una luz brillante. Entonces vio a Jesús extendiendo sus manos hacia él. Su comentario fue: 'Mamá, Su vestidura era más blanca que en nuestro cuento de la Biblia' Aquella mañana yo había orado con él para recibir a Jesús como su Salvador.

«Ahora, más de veinticinco años después, el Señor se había revelado de nuevo a Eric. Y a través de nuestras expresiones de amor y cuidado en su crisis, de cierto experimentó la profundidad del amor de Dios y la aceptación de su familia».

Sharon supo entonces, y ahora está aún más convencida, de que la mano de Dios está sobre su hijo con un propósito específico. La recuperación de Eric ha sido sorprendente; todo lo que pudo haber ido mal, no lo fue. Y durante su estadía en Dallas, Sharon y Dick llevaron a diez personas a aceptar al Señor; incluyendo a una muchacha joven que también había sufrido cirugía del cerebro.

"A través de este momento difícil no he vertido ninguna lágrima, porque he visto a Dios contestar las oraciones que había orado en los tiempos buenos —dijo ella—. A través de esta crisis, Él ha sanado el espíritu, alma y cuerpo de Eric. Aunque su ojo derecho aún tiene un poco de presión de líquido, estamos confiando en Dios para que Él se encargue de eso. Estoy llamada a creer, no a preocuparme. Mi enfoque debe ser en Jesús en todo momento, escuchando sus direcciones, obedeciendo sus instrucciones, y no permitiendo que mis emociones impidan o bloqueen mi fe. ¡Dios es fiel!»

Que yo le pueda conocer...

Cinco años después de un accidente de bote que causó que tuviera veintidós cirugías mayores para poder reconstruir su cara, Hilda se enfrentó de nuevo a la cirugía y a una posible muerte, por causa de un melanoma maligno.

El cirujano de cáncer le dijo que tendría que quitar casi todo el músculo de la parte de arriba del brazo y todas las glándulas debajo de su brazo izquierdo. Luego, tomaría piel de su pierna para injertarla al área afectada. Al despertar de la cirugía, ella oyó el crudo pronóstico: *posiblemente le quedan solamente tres meses de vida*.

«Regresé a casa con un dolor tan terrible que tuve que moverme de mi habitación porque mi esposo no podía descansar con mis gemidos —dijo ella—. La piel injertada no se sanó y se formaron forúnculos todo alrededor. Después que Dios atravesó conmigo todas las cirugías que siguieron al accidente de bote, yo había estado enseñando en las iglesias alrededor de mi pueblo natal en Alabama acerca de la fe y la sanidad. Pero ahora yo estaba enfrentando el momento más solitario de toda mi vida.

«Un día en oración dije: 'Padre, hasta ahora no he preguntado por qué la hélice del bote cortó mi cara en pedazos. Pero ahora te voy a preguntar: ¿Por qué?'»

De inmediato Hilda sintió que la habitación se llenó de la presencia de Dios. Ella sintió que Jesús se sentó en su cama y le dijo: "Hasta ahora has aprendido lo que yo puedo hacer por ti. Ahora quiero que me conozcas". Ella se quedó allí llorando, y de repente pensó en este versículo: "Aunque Él me mate, en Él esperaré" (Job 13:15a).

"Repetí estas palabras, y en el momento que salieron de mi boca, el dolor se fue —dijo—. Desde ese momento comencé a sanarme. Estaba en un camino de no solo confiar en Dios, sino de buscarlo con todo mi corazón.

«En lugar de los tres meses que los doctores habían pronosticado, he tenido veintiún años de vida después de esa primera amenaza de cáncer».

Esperanza para los que no tienen esperanza

¿Como manejas los tiempos difíciles cuando un doctor prácticamente pronuncia tu sentencia de muerte?

Mickie Winborn relata su historia: "Me desperté un frío día de enero, después de cinco horas de cirugía y dos transfusiones de sangre, y oí al médico decirme a mí y a mi esposo Ken, los resultados.

«'Tienes cáncer y he hecho todo lo que puedo hacer —dijo sin rodeos—. Habían tumores en los dos ovarios y lo maligno se ha esparcido... Has tenido cáncer por lo menos por dos años. El cáncer está en sus últimas etapas. Hay algo más que podemos hacer, si tu estás de acuerdo. Se llama el "tratamiento de oro". Se inserta un radioisótopo vivo dentro de ti para que mate las células de cáncer'.

«Acordé hacer el tratamiento cuando estuviera más fuerte. Entonces una noche sentí que el Señor me dijo que no era Su voluntad que yo muriera, sino que viviera, para traer honor y gloria a Él. Luego, un señor que vino con un amigo para orar por mí me dijo: "Creo que el Señor te va a levantar para que puedas ayudar a personas y ser un testigo a ellos, hasta viajar a muchos países". Eso parecía imposible, solo vivir sería un gran regalo. Pero yo estaba dispuesta a hacer lo que fuera que el Señor pidiera de mí.

«Dos meses más tarde, después de una operación preliminar, el doctor dio la luz verde para que yo tomara el 'tratamiento de oro'. Había que darle vuelta a mi cuerpo cada quince minutos para mantener este líquido radioactivo fluyendo a través de mi cuerpo, y seguían sacando sangre para las pruebas. Los resultados no daban mucho ánimo.

«Después de regreso a casa del hospital yo estaba demasiado débil para ni siquiera hablar por teléfono e iba tranquilamente cuesta abajo. Entonces de repente, tuve un nuevo problema. Ambos pechos estaban llenos de tumores. Mi cáncer se había propagado. Durante este tiempo de tensión, me enfrenté a la idea de morir, quizás dentro de un año. La biopsia del seno fue postergada hasta que yo pudiera recobrar mi fuerza de las últimas tres operaciones.

«Con un plazo de tiempo, decidí volar a Pittsburgh, Pennsylvania para estar presente en un servicio de milagros de Kathryn Kuhlman. Había estado leyendo acerca de sanidades milagrosas sucedidas mientras ella apelaba al poder sanador de Jesús durante sus grandes reuniones.

«Una amiga acordó acompañarme y llamamos por teléfono a la oficina de la señorita Kuhlman para que me estuvieran esperando. Cuando llegamos al salón de reunión, encontramos dos asientos en la primera fila, y vimos todo tipo de enfermos que estaban allí. La señorita Kuhlman predicó acerca del amor de Dios. Poco tiempo después comenzó a llamar a varias sanidades mientras Dios se las iba revelando.

«Casi a la mitad de la reunión ella anunció: 'Hay una mujer de Texas aquí muriendo. Quiero que todos se olviden de sus propios problemas y oren por ella'. Entonces hizo seña para que yo pasara hacia adelante. No me sentía digna de que todos estuvieran orando por mí, pero pasé adelante.

«La señorita Kuhlman me dijo que no orara, pero que oyera y que me pusiera de acuerdo con ella en oración. Entonces oró. Mientras yo regresaba a mi asiento no experimenté ninguna evidencia de cambio físico. Los tumores seguían en mis pechos. Pero el espíritu de temor que yo había estado sintiendo fue reemplazado con puro gozo mientras me iba de la reunión. Hasta este día no sé con exactitud qué ocurrió, tan solo me sentí cambiada por dentro. De inmediato regresamos a casa porque estaba por enfrentar la cuarta cirugía.

«Durante mi tiempo de oración el día antes de la cirugía de la biopsia, el Señor me mostró que había una fina raya entre *sanidad divina* y *sanidad mental*. La fuente de sanidad divina es Cristo. Estaba familiarizada con la Escritura: "Quien llevó él mismo nuestros pecados en su cuerpo sobre el madero, para que nosotros, estando muertos a los pecados, vivamos a la justicia, y por cuya herida fuisteis sanados" (1 Pedro 2:24).

«De manera inconsciente, yo había entrado en *sanidad mental*, significando que estaba tratando de hacerlo suceder a través de ejercer "la mente sobre la materia". Cambiar de fe en la obra terminada de Cristo a fe en mi propia habilidad de creer había sido tan sutil que ni me di cuenta cuando sucedió. El Espíritu de Verdad, el Espíritu Santo, tuvo que revelarme esto. De inmediato le pedí perdón a Dios.

«También, aunque no consciente del hecho, había estado contando con mis buenas obras para merecer atención especial de Dios. Me arrepentí de este pecado de presunción. Lentamente, mi corazón se comenzó a llenar de la convicción de que yo estaba sanada a través del poder de Jesucristo y de su obra terminada en la cruz. Hicieron la biopsia. Imagínate mi alivio cuando no había señal de malignidad, ¡absolutamente ninguna!

«Quince meses más tarde me sometí a una cirugía de exploración por el cirujano que había hecho el tratamiento de oro. Aún ninguna evidencia de cáncer. Años de chequeos regulares aún no demuestran señal de problema en mi cuerpo. Un doctor dijo:

¡CIERTAMENTE ESA MUJER HA EXPERIMENTADO UN MILAGRO! HABÍA TENIDO MALIGNIDAD INTERNA MASIVA. FUE NADA MENOS QUE UN MILAGRO. POR LOS ÚLTIMOS VEINTE AÑOS HE VIAJADO A MUCHAS NACIONES Y HE ORADO POR CIENTOS DE PERSONAS. ORO, PARA LOS DEMÁS, LAS MISMAS PROMESAS DE LA MISERICORDIA Y COMPASIÓN DE DIOS QUE ÉL ME DIO A MÍ, Y HE SIDO TESTIGO DE MULTITUD DE SANIDADES.[1]

Algunos no son sanados

Pero, ¿y qué de aquellos que no son sanados? Muchos otros también asistieron a las reuniones de la señorita Kuhlman y oraron para la sanidad de Dios pero regresaron a casa sin el milagro que buscaban. Joni Eareckson Tada, que quedó paralizada a la edad de diecisiete años, después de romperse el cuello en un accidente de clavado en 1967, asistió a numerosos servicios de sanidad, pero nunca salió de su silla de ruedas caminando.

Su libro penetrante: *Cuando Dios llora*, examina el significado de sufrimiento y las lecciones que ella ha aprendido a través de su propia experiencia. Ella asemeja el proceso al trabajo de un escultor que casca pedazos de piedra para revelar una imagen escondida. Escribe:

Ceder al cincel es "aprender obediencia de lo que sufrimos". Nuestras circunstancias no cambian; nosotros cambiamos. El "quien" de lo que somos es transformado, como una forma que se desarrolla revelándose a su imagen, con gloria siempre creciente.

...No puedo darme el lujo de concentrarme en el martillo y el cincel. No puedo mirar alrededor mío y lamentarme de lo que Dios está cascando.

...Creer en el Escultor es esperanza viva. Concéntrate en Él, confiando en que jamás cortará o hará un boquete demasiado profundo... Dios no es un Escultor casual ni caprichoso... Promete ser preciso con el cincel.[2]

El entendimiento de Dios es superior

Yo (Quin) tengo un amigo íntimo que, así como Joni, ha pasado décadas en una silla de ruedas. Mike se enfermó de polio y se quedó paralizado mientras servía como médico en el ejército de los Estados Unidos.

Cuando Fran se casó con Mike, hacía ya cinco años que Mike se encontraba en una silla de ruedas. Se conocieron mientras él estaba en el entrenamiento de su residencia para medicina de rehabilitación. Cuando dijo: "Sí", ella sabía que estaría viviendo con un parapléjico toda su vida de casada. Pero nunca pensó que Dios sería tan misericordioso de darles más de cuarenta años juntos. De hecho, cuando se casaron ninguno de los dos servía a Dios.

Hoy día, Mike sigue aún en una silla, aunque muchas personas han orado para que él pueda caminar. Fran dice que su esposo es un vencedor. A veces bromeando le dice que por eso es que él se está quedando calvo, de tantas manos puestas sobre su cabeza cuando las personas han orado por él.

¿Creen ellos en la sanidad divina? Seguro. En 1962, poco después que Mike entregó su vida a Cristo, un dolor inmenso en la base del cráneo desconcertó a los médicos y le hizo delirar. Fran y una amiga se arrodillaron al lado de la cama de él y oraron para que Dios le sanara. Al mismo instante, un grupo de oración en otro estado tambien comenzó a orar por él.

En unos momentos, él le dijo a Fran: "¡No tengo más dolor! Sentí una mano en la parte de atrás de mi cabeza, como si estuviera sacando el dolor a empujones". Más tarde, vieron a su hijo Mark sanado de la enfermedad de Hodgkins. Para ellos, la sanidad es muy real.

Hace poco cuando le pregunté a Mike qué había aprendido de su experiencia, me respondió: "Aunque Dios sanó algo dentro de mí cuando yo estaba delirando por un dolor de presión en la base de mi cráneo, no me sanó por completo. El entendimiento de Dios en cuanto a lo más íntimo de mi ser es superior al mío. Si me hubiera sanado completamente quizás no sería tan útil para él".

A través de sus excelentes estudios bíblicos, Mike ha alimentado a innumerables cristianos en crecimiento, y Fran es una fuerte intercesora. Juntos los dos llevan a cabo seminarios de matrimonio, ayudando a parejas con problemas a fortalecer sus relaciones. La influencia de Mike ha tocado muchas vidas, incluyendo la mía, durante los años en que él fue el líder de nuestro estudio bíblico.

Luchando con la pregunta "¿Por qué?"

Al comienzo de este libro, nosotros reafirmamos nuestra convicción de que necesitamos pararnos contra el enemigo y entrar en guerra espiritual con las armas que Dios provee. Para muchos creyentes, el asunto de la sanidad física es una de nuestras batallas más difíciles. ¿Qué pasa si tú crees que has orado en fe, pero la sanidad no viene? ¿Significa eso que tu fe está deficiente? ¿O que algún pecado oculto es un obstáculo?

Cuando nuestro libro *Guerra Espiritual: Una guía para la mujer* fue puesto a la venta en 1991, yo (Ruthanne) escribí acerca de la batalla que mi familia emprendió por mi hermano menor Jerry, quien tenía cáncer.[3] Estoy convencida que la oración que prevalece y la batalla espiritual de parte de muchas personas hizo la diferencia en extender la vida de Jerry más allá de lo que los médicos pensaron posible. Pero su muerte en 1992, a la edad de cincuenta y dos años, fue una de las tribulaciones más dolorosas que jamás he experimentado.

Doce años transcurrieron desde el momento de su primer diagnóstico hasta el fin de su vida. Durante la mayor parte de ese tiempo estuvo libre de cáncer, y fueron algunos de los años más efectivos de sus cuarenta años en el ministerio. A los doce años de edad predicó su primer sermón, luego siguió y se ganó cinco títulos académicos, estableció un ministerio de alcance para los estudiantes universitarios en Europa, enseñó en dos seminarios y sirvió como pastor hasta unos meses antes de su muerte.

Cuando me enteré del regreso del cáncer, batallé con la pregunta: "¿Por qué?" Cuando comenzó la batalla, que Jerry y su familia estaban viviendo en Europa, el Señor nos dio una Escritura a la cual atenernos: "Esta enfermedad no es para muerte, sino para la gloria de Dios, para que el Hijo de Dios sea glorificado por medio de ella" (Juan 11:4). Nueve meses más tarde, y casi ocho años siguientes, Jerry estuvo libre del cáncer (tiempo durante el cual escribió el verso "Por los suelos", que aparece al principio de este capítulo).

Con cada repetición, una en 1989, otra en 1991, yo declaraba victoria basada en Juan 11:4, mientras nuestra familia y toda su congregación oraban por su sanidad. Pero era como si el Espíritu Santo estuviera diciendo que esa no era la Escritura para clamar en este momento, puesto que ahora la sanidad no vino. Busqué del Señor una palabra de consuelo para Jerry, tanto como para mí.

Sentí leer la historia de Ezequías, y una porción del verso casi saltó de la página: "Así dice el Señor: 'No temas por las palabras que has oído'" (2 Reyes 19:6). Mientras oraba sobre ese verso, no sentí que quería decir que Jerry se iba a sanar a pesar del pronóstico de los doctores, sino que él no tenía que temer las palabras atormentadas que el enemigo le estaba hablando.

«Señor, ¿esa es la palabra que tú quieres que yo comparta con Jerry?" —le pregunté. La respuesta fue sí.

Lloré ante la realidad dolorosa, pero sentí paz de que Dios estaba en control. Poco tiempo más tarde visité a mi hermano y me di cuenta que estaba atormentado con el temor.

«Jerry, si has llegado al punto donde estás listo para pedir a Dios que te lleve a casa, me pongo de acuerdo contigo —le dije—. Pero no tienes que ir en temor. El diablo no tiene tu vida en sus manos, Dios la tiene. Y Él no es el autor del temor. Después de un período de oración la atmósfera cambió y él estaba en paz.

«Una semanas más tarde mi cuñada informó que en el momento del fallecimiento de Jerry, una sensación gloriosa de la presencia de Dios llenó la habitación mientras la canción 'Yo me rindo a Ti' tocaba en la grabadora. Literalmente ella sintió el espíritu de él dejar su cuerpo, pasar por el lado de ella y salió por el techo. En ese momento la música cambió a 'Soy Tuyo, Oh Señor'.

«El último sermón que él predicó se titulaba: 'Las lecciones aprendidas a través del sufrimiento', en el cual dijo: 'Las dificultades en mi vida deben hacer mi fe más pura, mi confianza más firme, mi esperanza más brillante, y mi determinación más profunda... No importa lo que entre a mi vida, nunca me debe causar alejarme de Dios; sino, acercarme más a Él'».

Al escribir esto, cinco años después de su partida, reconozco que aquellas palabras expresan el asunto de interés principal: ¿Cómo hemos de responder cuando no viene la sanidad, y atravesamos el valle de la muerte? El ministerio de Jerry fue efectivo en muchas áreas, pero sin duda su impacto mayor en las vidas de otros fue el compartir las lecciones que él aprendió a través del sufrimiento.

Las Escrituras nos dicen: "Porque David, después de haber servido el propósito de Dios en su propia generación durmió y fue sepultado con sus padres..." (Hechos 13:36).

La sanidad física no vendrá siempre en respuesta a nuestras oraciones. Pero nos tenemos que asegurar de haber hecho la voluntad de Dios al servir a nuestra generación, no importa el resultado.

Oración

Padre, mi amado _____ está enfermo. Vengo con confianza a Tu trono de gracia, pidiendo que él/ella reciba misericordia y gracia en tiempo de necesidad (vea

Hebreos 4:16). Señor, te pido que sanes y restaures su cuerpo, causando que funcione como Tú lo creaste para que funcione. Restaura su alma y espíritu, y concédele sabiduría a aquellos quienes cuidan de él/ella. Oro para que no haya ninguna reacción adversa a los medicamentos, y ninguna complicación durante su recuperación. Que Jesús, el Gran Médico sane a _____ así como sanó a los enfermos cuando estuvo en la tierra. Te doy gracias, Señor. Amén.

NUEVE

❦

Cuando la cuna está vacía

*Ella (Ana) muy angustiada, oraba al Señor y lloraba
amargamente. E hizo voto y dijo: Oh Señor de los
ejércitos, si tú te dignas mirar la aflicción de tu sierva,
te acuerdas de mí y no te olvidas de mí, sino que das
un hijo a tu sierva, yo lo dedicaré al Señor por todos
los días de su vida y nunca pasará navaja sobre
su cabeza.*

1 SAMUEL 1:10-11

No importa cuánto razonamos, en ocasiones Dios parece ser injusto desde la perspectiva de alguien atrapado en el tiempo. Tan sólo al final del tiempo, después que hayamos alcanzado el nivel de vista de Dios, después que todo mal haya sido castigado o perdonado, toda enfermedad sanada, y todo el universo restaurado, tan sólo entonces reinará la justicia.

...Hasta que la historia no haya corrido su rumbo nosotros no entenderemos como "todo obra para el bien". Fe significa creer de antemano lo que tan sólo lo hace sentido contrario.[1]

PHILIP YANCEY

¿Seré madre algún día? En una época cuando era considerada una maldición el ser estéril, aquellas palabras deben haber atormentado a Ana mientras lloraba y se lamentaba delante de Dios. Hoy día, muchas mujeres sin niños hacen lo mismo.

A menudo Pam se hacía la misma pregunta, después de siete años de casada. Finalmente comenzó a pensar que quizas jamás Dios le concedería este gran deseo de su corazón —el de ser madre.

"Después de pasar dos años infructuosos con un especialista de la fertilidad, me di cuenta que tendría que, o hacerme la cirugía de la endometriosis o Dios me tendría que sanar —ella informó—. Yo escogí esperar en Dios".

Para una mujer fértil poder entender el campo de batalla emocional y espiritual de la esterilidad, requiere mucha imaginación y mucha empatía. Pam sentía que ver a una mujer embarazada era un reproche instantáneo, un recuerdo de su propio vacío. Para ella, una fiesta por el nacimiento de un niño era peor que una recámara de tortura de los tiempos medievales, considerando, con cada regalo abierto, una burla a su vientre cerrado.

"El enemigo usa toda oportunidad para retorcer el cuchillo de la esterilidad en la espalda de uno como una acusación de fracaso —ella nos contó—. Si fuera permitido, él usaría este fracaso imaginario para abrir una brecha entre la mujer y Dios —el único que la puede ayudar".

Para Pam, al fin apareció un desvío en el camino de la desesperación. Cuando se enteró que una querida amiga evitó decirle que estaba encinta por temor a que ella estuviese muy frágil emocionalmente para oír la noticia, esto la saturó a tal grado que llamó su atención.

"Sentía vergüenza de mi propio egoísmo —dijo ella—. Avergonzada también porque no podía regocijarme con una amiga acerca de su bendición. Pero más que todo, avergonzada porque había hecho a Dios tan pequeño en mi vida que la esterilidad se convirtió en un obstáculo insuperable. En ese momento, me arrepentí y di vuelta. Dentro del período de una semana ya podía decir, por fe, de que si vivía y moría sin niños, Jesús sería suficiente".

Luego de un corto tiempo, sin esperarlo, Dios le dio a Pam y a su esposo Chuck, un hijo a través de la adopción privada. Ni habían considerado esta opción hasta que un amigo les habló sobre adoptar a un niño que necesitaba un hogar. Al fin Pam vio cumplido su tan esperado deseo: era una madre.

Dios había contestado el llanto de su corazón dándole a Daniel. Ella sintió que no podría amarle más, aun cuando ella misma le hubiera dado a luz. Este hijo era un regalo precioso y ella estaba contenta.

Pero Dios no había cerrado este capítulo de la vida de Pam.

"Un día, mientras Daniel tomaba su siesta de la mañana, el Señor me habló y puso su plan en marcha —ella informó—. Me senté con mi Biblia y una taza de café durante mi tiempo acostumbrado de quietud con el Señor, y una frase de 1 Timoteo 5:14 parecía saltar de la página: 'Quiero, pues, que las viudas jóvenes se casen, críen hijos...'.

«Dios usó solo una palabra para atraer mi atención. Pero yo sabía muy bien que si Él quería que tuviera hijos, me tendría que sanar. Así que comencé una jornada de un mes a través de las Escrituras, paso a paso, sintiendo que Dios había prometido que esto me llevaría a mi sanidad».

A través de 1 Samuel 1:1-18, el Señor le mostró a Pam la condición del alma de Ana por el resultado de su esterilidad. A pesar de la devoción de su esposo hacia ella, Ana estaba "muy angustiada, oraba al Señor y lloraba amargamente" (v. 10). Al orar en el templo del Señor, el sacerdote Elí interpretó su amargura como si fuera una borrachera. Cuando la confrontó, Ana respondió: "No, mi Señor; yo soy una mujer atribulada de espíritu".

La respuesta de Elí para Ana era la que Pam buscaba a su propia oración: "Vé en paz, y que el Dios de Israel te conceda la petición que le has hecho" (v. 17). Tan pronto Ana recibió la bendición de Elí, se fue del templo y quedó libre del desespero. La palabra del Señor había llenado su corazón con fe.

Llena de este conocimiento, Pam se dirigió a la oficina de su pastor en Houston y compartió con él, que sentía que Dios quería que ella tuviera hijos. Sin titubear, este hombre de Dios se arrodilló al lado de ella y repitió las palabras de Elí. Pam salió de esa oficina sabiendo en su corazón que ella tenía la fe de Ana. Dios iba a completar lo que había comenzado.

Alrededor de este tiempo Pam y Chuck asistieron a una conferencia bíblica en Dallas y comenzaron a experimentar un nivel de adoración diferente de cualquier otro jamás. Pam jamás había sentido la presencia de Dios en una forma tan tangible.

Al tercer día, mientras el ministro hablaba acerca del papel del creyente en el proceso de la sanidad de Dios, dentro de Pam, la fe comenzó a surgir más fuerte que nunca. El ministro comenzó a llamar varias aflicciones físicas y a pedir a las personas que se pusieran de pie para la oración de sanidad si tenían esas necesidades. Luego ordenó que las otras personas les pusieran las manos y que oraran por aquellos de pie alrededor de ellos.

"Mientras Chuck y yo oramos por un señor cerca de nosotros, sentí un calor intenso entrar por la parte de arriba de mi cabeza y radiar a todas las partes de mi cuerpo —informó Pam—. Era como si alguien hubiera vertido sobre mí aceite tibio y grueso, y estaba goteando hasta mis pies. Jamás había experimentado algo tan fenomenal. Mi esposo me miró con asombro y me dijo: '¿Qué está pasando? ¡Estás toda roja!'

«Dios me está sanando —contesté, apretando mis manos contra mi cara y luego mirándolas con asombro».

Dentro de pocos días, Dios le dio a Pam la evidencia de su sanidad. "Toda mi vida de adulta había experimentado períodos de menstruación muy dolorosos acompañados por flujos de sangre muy grandes y coágulos que duraban más de una semana. En esta ocasión, pasé un coágulo grande, sangré normal por tres días, y ya.

«Cuando se acercó el próximo mes, no pasó nada. Mi examen de embarazo hecho en la casa reveló la gozosa razón: por primera vez en mis treinta años de vida, ¡yo estaba embarazada!»

No había nada que pudiera apagar esta euforia que Pam sentía después de haber esperado tanto tiempo para recibir este regalo milagroso de parte de Dios. Pero después de dos semanas, empezó a tener una fiebre de 102 grados todas las tardes. Al fin, el doctor la mandó al hospital para hacerse pruebas, lo cual se convirtió en una pesadilla de tres días. Nadie le podía decir nada, excepto: "Cariño, necesitamos más sangre", mientras introducían otra aguja en su brazo.

Al tercer día el doctor le informó a Pam que ella tenía dos virus presentes en su sangre: uno podría causar mononucleosis, y el otro podría causar defectos al bebé en el momento de nacer o aún la muerte del feto si era contraído al principio del embarazo.

"Cuando él me despidió del hospital con órdenes de ir a su oficina más tarde en la semana, entré en el período más oscuro de mi vida —compartió Pam—. Cuando regresé a la oficina del médico yo solo sabía una cosa: Dios no me estaba diciendo ni una palabra acerca de mi situación. Lo único que podía hacer era seguir caminando en la última palabra que Él me había dado, y eso era una palabra de fe".

Durante los meses oscuros que siguieron, Pam buscó día y noche la seguridad del Señor de que su bebé estaría bien. Ella deseaba esto más que nada. Por fin, un día durante su tiempo de calma con el Señor, sintió que Él le habló a través de Job 13:15: "He aquí, aunque él me matare, en él esperaré".

"¡Qué clase de palabra! —exclamó—. Yo había estado esperando una indicación de que mi bebé iba a nacer saludable y completo. Pero Dios me estaba diciendo que tan solo tenía que confiar en Él, aunque me matara".

Asombrosamente esa era la palabra que Pam necesitaba en los próximos días. Cuando se despertaba durante la noche con pesadillas de deformes físicos, aquella palabra le daba fe para regresar a dormir. Cuando el enemigo la atormentaba recordándole que ella no merecía tener un bebé saludable, aquella palabra enviaba al enemigo de regreso al hoyo donde pertenecía.

"Después de poco tiempo, empecé a entender que por causa de Dios haberme criado a *mí* en el vientre, Él tenía el derecho de hacer lo que fuera necesario con mi vida, así como con la vida de mi bebé —dijo ella—. De todas maneras, después de todo, no era mío. Era hora de que yo lo soltara y confiara que Él lo moldearía conforme a su plan.

«Mientras tanto, dentro del vientre, alguien estaba ocupado creciendo. Para esta altura ya hacía varios meses que estábamos oyendo el latido saludable del corazón de nuestro bebé. Ya me quedaban pequeños todos mis trajes de maternidad a excepción de tres. Mi mes de espera, noviembre, estaba a solo un mes de distancia. De nuevo, Dios me habló cuando menos lo esperaba».

Pam había comenzado a pensar que iba a vivir el resto de su vida en el verso: "Confiaré en él aunque me matare". Pero, una mañana, Dios le interrumpió su tiempo de meditación con Mateo 7:9: "¿O qué hombre hay entre vosotros, que si su hijo le pide pan, le dará una piedra?"

Ella sintió que el Señor le estaba diciendo que ella iba a recibir de la mano del Señor exactamente lo que había pedido: un hijo saludable. Luego, en el día, sin saber de este incidente, Chuck regresó de un viaje con un disco nuevo. "El Señor me dijo que esta canción era para ti", dijo, entregando el disco a Pam y señalando a uno de los títulos. Cuando lo puso en el tocadisco, el cuarto se llenó con la canción: "Si le pides pan, no te dará una piedra". Era su confirmación.

"Por primera vez, en siete meses, aquella noche me fui a dormir *sabiendo* por fe que el bebé en mi vientre estaba perfectamente formado —dijo Pam".

Entonces, dos semanas antes de la fecha indicada, comenzó a sangrar profusamente durante el examen del médico. Él sospechaba *placenta previa* y la envió al hospital de emergencia para hacerse un examen de ultrasonido. Con su esposo a su lado, Pam esperaba en la oscura habitación mientras miraba al monitor de la máquina de ultrasonido. Ahí en la pantalla se podía ver un bebé perfecto chupando su dedo, con la cabeza del tamaño correcto y todas las extremidades intactas. El doctor entró sonriente a la habitación y proclamó que todo estaba perfecto.

"Dos semanas más tarde, en noviembre 3, 1984, nació Rebekah Faith, pesando nueve libras, una onza —Pam sonrió—. Y a través de su vida ha seguido siendo una de las niñas más saludables que conozco.

«Aunque Rebekah hubiera nacido menos que 'perfecta', no hubiera cambiado las circunstancias milagrosas de su llegada aquí a la tierra. Ni hubiera cambiado mi convicción de que 'confiaré en Él aunque me matare'. Dios es un Padre en quien se puede confiar en completar la perfección de sus hijos».

Cuatro años más tarde, Pam y Chuck enterraron a dos varones, gemelos idénticos, una semana uno del otro. Aún entonces, en medio de su dolor, podía declarar, sin una gota de amargura alguna hacia su Padre celestial. "Aún confiaré en Él".

Hoy, después de doce años de su contestación milagrosa a la oración, Pam aún confía en Él. «Ahora tenemos cinco hijos saludables llenos de promesa —dice ella—, pero sabemos que sólo por la gracia y misericordia de Dios podemos completar la tarea de criarlos".

Sueños no realizados

Muchas Anas modernas han llorado a Dios pidiendo un hijo, pero luego han tenido miedo de que sus sueños jamás se lograrán. Beth, una amiga especial nuestra, recuerda que su dolorosa jornada comenzó un verano durante una época de sequedad espiritual cuando ella oró con osadía: "Señor, necesito más de Ti si he de vivir de todo corazón como una cristiana. Necesito un cambio mayor. Por favor, Señor, interven...¿Tú me oyes?"

Tomó nota del momento en su mente, sabiendo que estaba realmente deseosa. Entonces esperó por más de Dios. Dios comenzó a contestar de una forma que al principio Beth no reconoció.

"Tom y yo no podíamos esperar a tener hijos —ella compartió—. Habíamos recién comprado una casa y preparamos nuestras vidas para los niños que soñábamos tener. Mientras pasaban los meses, una verdad trágica comenzó a revelarse. No podíamos concebir".

Normalmente la esterilidad se desenvuelve lentamente a través del curso de los años. Las parejas continúan esperando, deseosas, luchando con el desespero, soportando. Pero lentamente surge la realidad y el proceso del dolor comienza. Beth dice que aquellos que no han luchado con este problema, o no han caminado con alguien que lo ha sufrido, pueden estar ajenos del nivel de dolor y sufrimiento que lo acompaña. Pero la incapacidad de tener niños puede ser una pérdida significativa —un dolor muy real— que deja una cicatriz imborrable.

"Estuvimos mas de dos años tratando todo lo médicamente posible para concebir un hijo, dentro de nuestro marco moral y ético —dijo Beth—. Aunque el tratamiento de fertilidad es difícil, es invasivo, es de mucha tensión y es caro, nos subimos a esa montaña rusa de altas esperanzas y profundas desilusiones. Aún, al final de todos nuestros esfuerzos, no pudimos traer un niño a este mundo".

Cuando los tratamientos fracasaron, Beth y su esposo comenzaron a buscar con ardor adoptar un niño. Poco sabían ellos que habían comenzado otra jornada de dos años llena de peligros. Muchas oportunidades tentativas para adoptar se les acercaban, pero cada una fracasaba. Estaban a minutos de llevar en brazos a su niño tan esperado, cuando se enteraban que los padres biológicos cambiaban de opinión. El proceso comenzó a parecer un truco muy cruel que soportaban una y otra vez mientras se preguntaban: "¿Dónde está Dios en todo esto?"

«Pasé mucho tiempo 'en el rostro de Dios' en medio de los años de lucha y tensión —nos contó Beth—. Derramé mi tristeza sobre el Señor, clamando a diario a Él por ayuda. Busqué por el sentido de estos eventos, y soñé con posibles soluciones que traerían sentido a esta gran lucha. Oré sobre la mesa del médico. Oraba cuando no podía dormir. Oré en el auto camino a finalizar una adopción, y en camino a casa a través de lágrimas cuando fracasaba. Oré durante los períodos largos e inútiles de espera cuando no había adopción a la vista.

«Y por fin, aprendí a orar que si Dios no tenía en plan darnos un hijo, entonces que nos diera más de Él para llenar nuestro vacío».

Dios no dejó a Beth sola en su dolor, tratando de retener Su bondad. Le dio a Tom, un esposo amoroso, fiel y optimista. Le dio amigos y familia que le aseguraron del cuidado amoroso de Dios, Su plan y Su obra. Sufrieron con ella, pero seguían levantándola hacia las verdades de quién Dios es.

"Entonces sucedió lo no imaginable —informó Beth—. ¡Quedé encinta! Al mismo tiempo había una niña disponible para adoptar. Pero nuestra agencia no quería que adoptáramos si yo estaba embarazada, por lo tanto, con lamento soltamos a esta pequeña.

«Mientras las semanas se convertían en meses, comencé a sanarme de los sufrimientos del pasado y a abrazar el regalo más precioso de la vida. Me preocupaba de que algo malo fuera a suceder, pero le dije al Señor que la pérdida del embarazo sería probarme más allá de lo que pudiera soportar. Le encomendé esta pequeña vida y dejé ir mi temor».

Con gran emoción, Beth y Tom visitaron al médico para el examen del ultrasonido de la decimatercera semana y esperaban ver a su bebé. Pero mientras el médico miraba la pantalla, su rostro se oscureció. No podía encontrar el latido del corazón. Con suavidad les dijo que su bebé se había muerto. La peor pesadilla de Beth se convirtió en realidad.

"En ese momento sentí como si me arrojaran de la cima del precipicio de la soberanía de Dios —dijo ella—. Ahora iba cayendo libre sin tener idea adonde iba a caer. Estaba desorientada espiritual y emocionalmente. Devastada, confundida, consternada y ultrajada".

Durante esos primeros días de dolor, dos pasajes de las Escrituras venían a menudo a la mente de Beth. Primero: "...Raquel que llora a sus hijos, y que no quiso ser consolada porque ya no existen" (Mateo 2:18). Ahora entendía esa clase de llanto. Beth también meditó sobre Isaías 53, el cual habla de Jesús como "un varón de dolores, experimentado en quebranto" (v.3). Fue "herido, molido, angustiado y afligido".

"Dios permitió que su Hijo sufriera los dolores y las aflicciones humanas más profundas para poderse acercar a nosotros —dijo ella—. Caí en cuenta de que ahora estaba en comunión con sus sufrimientos.

«Dios tiene la reputación de venir al hombre y a la mujer en la oscuridad de la noche —reflexionó Beth—. Durante la noche sacó a los hijos de Israel de la esclavitud... durante la noche llamó al niño Samuel... durante la noche les anunció a los pastores el nacimiento de Cristo... durante la noche abrió la celda de Pablo y Silas. Cuando Jesús respiró su último aliento y murió en la cruz por nosotros, las tinieblas cayeron sobre la tierra. Y Dios obra en las tinieblas de nuestras vidas. Es donde debemos buscar de Él».

El verano siguiente después de la pérdida del bebé, Beth vacilaba en sus sentimientos como si Dios le hubiera aplastado descuidadamente bajo Su pie, y se sentía como que si Él tuviera algún increíble propósito que todavía no podía ver. Luchó entre un tremendo enojo contra Dios y un anhelo de confiar en Él. Los amigos escuchaban mientras ella trataba de darle sentido a la pérdida, y Tom la amó a través de los días oscuros que parecían no tener fin.

"El estudio bíblico se hizo para mí como una estaca de sostén clavada a la tierra —dijo Beth—. El carácter de Dios y su fidelidad, tal y como lo presentan vívidamente las Escrituras, me animaron a ceder a Su tiempo y a Sus caminos —a menudo tan distintos a los nuestros. Por lo tanto esperé".

Entonces, una fría noche de invierno, el teléfono sonó. Era la agencia de adopción.

"¡Tuvimos un hijo! —exclamó Beth—. Jacob nos estaba esperando para llevarlo a casa. Estábamos rebosando de alegría con el niño que Dios nos había dado —este pequeño, regalo precioso. No tenemos duda alguna de que Dios nos salvó para Jacob, y Jacob para nosotros".

A pesar de su gozo, Beth y Tom no ven toda la escena. Sienten que Jacob es tan solo una parte de la historia de un mayor plan de Dios para sus vidas, y Dios no ha contestado todas sus preguntas.

"Su prueba moldeó nuestro carácter y nos enseñó resistencia y esperanza —dijo Beth—. Nos permitió despojarnos de nuestras propias nociones e inclinarnos ante Él —aún cuando nos sentimos tristes y enojados y no comprendimos. Sencillamente, nos ha dado más de Sí mismo, cosa que es exactamente lo que yo oré al principio".

La dolorosa realidad

Al igual que Beth y Tom, la mayoría de las parejas jóvenes que se casan asumen que algún día, cuando estén listos, tendrán hijos. Pero la incapacidad de concebir en estos días se convierte cada vez más en una dolorosa realidad.

Las opciones, como descubrieran Christy y Will, una pareja que se casó en los treinta y tantos años, son difíciles y caras. Después de seis años de casados, con la concepción pareciendo más y más poco probable, exploraron las posibilidades de la adopción.

"Nos asombramos cuando supimos de los enormes costos involucrados, pero continuamos con el papeleo necesario para que nos hicieran una evaluación del hogar —dijo Christy—. Entonces Will tomó un trabajo militar y nos mudamos a Alemania, y por lo tanto hablamos con una organización que se especializa en adopciones militares. Nos dijeron que había una lista de espera de dos años, y para entonces Will habría sobrepasado el límite de la edad".

Su única opción era la de poner su deseo en las manos de Dios, así que pidieron al Señor que interviniera si era Su voluntad que ellos tuvieran hijos. Cuando se enteraron de una pareja que había hecho una adopción privada, llamaron a Bárbara, la esposa, para obtener más información. Ella les dijo: "Primero, tienen que encontrar a alguien que quiera entregar a su hijo para adopción. Realmente lo hicimos a través de la oración".

Christy dejó su número de teléfono, y unas semanas más tarde Bárbara llamó con unas noticias asombrosas. Una mujer en una base militar cercana la había llamado, pidiendo consejo. La hija de esta mujer, la cual había estado viviendo en los Estados Unidos, regresó con sus padres a Alemania porque estaba embarazada. Quería entregar a su hijo para adopción. Cuando Bárbara le contó acerca de Christy y Will, la mujer y su hija Gail, oraron y decidieron que ellos eran las personas que el Señor había escogido.

"Nos quedamos asombrados mientras veíamos al Señor obrar a través de todos los arreglos —nos contó Christy—. Un viernes en octubre, la mamá de Gail llamó y dijo: 'Tienes una hija y ella quiere a su mamá'. Yo, ¡una mamá! Después que los papeles finales estaban firmados pasamos un día con Gail y la llegamos a conocer mejor. Acordamos en mandarle una tarjeta de Navidad cada año con una foto de Jennie".

Aunque Christy y Will le habían dicho al Señor que ellos estarían contentos con solo un hijo si esa fuera Su voluntad, una sorprendente llamada llegó desde los Estados Unidos casi cinco años después. Gail estaba embarazada de nuevo, con fecha de julio. Quería saber si ellos estaban interesados en otro hijo. Y claro que dijeron "¡Sí!"

Varios meses más tarde, una Christy emocionada voló de regreso a los Estados Unidos para encontrarse con los abogados y firmar los papeles. Estaba presente para el nacimiento del bebé, y fue la primera en alimentar a su hijo, Joel.

"Pasé bastante tiempo con Gail —nos informó—. Me dijo que muchas de sus amigas habían tenido abortos e insistieron en que ella hiciera lo mismo. Hubiera sido el camino fácil de tomar. Pero aunque no estaba caminando con el Señor, Gail sabía que el aborto era malo. Damos gracias a Dios de que ella escogió darle vida a sus bebés. Todo el tiempo el Señor tenía planes para Jennie y para Joel".

Contentos sin hijos

Por desgracia, el deseo de algunas parejas de tener hijos nunca se realiza, ya sea a través del nacimiento o por adopción. Rosemarie nos contó que durante los días de su noviazgo, ella y su esposo compartían el entusiasmo acerca de la posibilidad de tener hijos algún día. Imagínese su golpe cuando, pronto después de la boda, él le contó que después de todo no quería ser padre.

Rosemarie oró para que cambiara de parecer, lo cual sucedió con el tiempo. Pero después de él estar dispuesto, ella no podía concebir. Una serie de exámenes revelaron que ella era estéril, y su esposo no quería recurrir a la adopción. Desilusionada, de nuevo ella tuvo que lidiar con la posibilidad de jamás tener hijos.

No fue fácil, pero por un período de tiempo, Rosemarie ha llegado a sentir paz sobre el asunto.

"Yo creo que Dios ha permitido esto por amor al evangelio —dice ella—. Puedo pasar horas en oración como intercesora. Y como no tengo la responsabilidad del cuidado de niños, estoy disponible para unirme a equipos de oración y alcance misionero con poco tiempo de notificación. El Señor me ha permitido ir al África, a Korea y a varias partes de la América Latina. Estoy agradecida de poderle servir de esta manera".

¿Cómo puedo yo confiar en Dios?

La historia de Kim es otro ejemplo de una pareja que descubrió que el asunto de tener hijos puede convertirse en una montaña rusa emocional. Ella y su esposo Steve llevaban cuatro años de casados cuando la emocionante noticia de su primer embarazo fue confirmada. Toda la experiencia fue divertida para ellos. Sentir a su bebé pateando y moviéndose en el vientre y escuchando el latido de su corazón en las citas del médico siempre era emocionante. A través del embarazo fueron creando una hermosa habitación para el bebé y comprando cosas para él.

"Pero entonces comencé a tener contracciones intensas muy temprano, y a sentir presión donde no debiera de sentirlas —dijo Kim—. Tenía ya casi ocho meses de embarazo, y yo sabía que sería mucho mejor llevarlo en el vientre al término. Nuestro médico me examinó, pensó que todo estaba bien, y me mandó al hospital para que me pusieran en el monitor.

«Nadie me podía haber preparado para la bomba que estaba a punto de explotar. Una enfermera hizo un examen de ultrasonido para ver qué estaba sucediendo. Nunca me dejó saber lo que ella sabía. El doctor entró. En realidad no puedo acordarme con exactitud lo que se dijo; tan sólo me acuerdo de los balazos. Defecto de nacimiento. Espina dorsal. Bebé muriéndose. Ninguna oportunidad de sobrevivir. Las palabras eran como balazos en mi corazón. Estábamos desconsolados por completo. El doctor le explicó a Steve que necesitaba dar a luz de inmediato, ya que otras complicaciones estaban surgiendo dentro de mí. Treinta y dos horas de parto siguieron. No podía creer la cantidad de dolor que estaba sintiendo, todo por nada».

El hijo de Kim y Steve nació muerto. Lo abrazaron y le dijeron cuánto lo amaban mientras sus lágrimas caían sobre su cuerpo sin vida. Luego se fueron del hospital para su casa con los brazos vacíos a planear un servicio conmemorativo.

"Supongo que mi neblina entró antes del servicio, porque casi toda esa semana es borrosa —compartió Kim—. No recuerdo mucho de ella, excepto que habían muy poca gente que nos apoyaran y permitieran que las lágrimas fluyeran. Aunque hubiera tratado no podía parar la inundación de mi emoción. Yo estaba tan confundida al preguntar: ¿Por qué nosotros? Nosotros queríamos este bebé. ¿Cómo? Teníamos el cuidado prenatal excelente. ¿Cómo no puede haber una explicación?"

El enojo de Kim estalló y el temor y la culpabilidad prevalecieron. Se preguntaba si podría sobrevivir mientras ella y Steve se enfrentaban a la realidad de que la mayoría de la gente en la sociedad de hoy simplemente no reconoce este tipo de pérdida. Un bebé que muere sin nacer no es importante. Muchos no entendían siquiera por qué estaban sufriendo.

Las personas jóvenes de veinte y pico de años no enfrentan tal dolor ni entierran a sus hijos. Al Kim no saber cómo expresar el dolor, pensó que la gama de emociones que ella estaba experimentando tenía que ser anormal.

"La mayor parte del tiempo me sentía horrible, pero las pocas veces que sí me sentía bien, me sentía agobiada con culpa por estarlo —dijo ella—. La batidora de mi corazón parecía estar en el ciclo de hacer puré. Muchas personas opinaban que debía salir embarazada de nuevo de inmediato y el problema se resolvería. Queriendo creer esto, salí en estado ocho meses más tarde.

«Pero ese embarazo fue terriblemente injusto para todas las personas en mi vida. No sólo estaba aún sufriendo de forma muy activa por Austin, sino que tuve que cuidar mi salud y lidiar con todo lo demás relacionado al embarazo. No quería hacer otra habitación para el bebé después de haber desmantelado tan minuciosamente la última. No, no quería oír su latido del corazón. No, no quería saber si era varón o hembra. ¿Qué importa, si total, va a morir?»

Tres veces tuvo Kim que ser hospitalizada por parto prematuro. En la Noche Buena lloró tanto y lamentó tanto por Austin que de nuevo estuvo de parto. Encontró muy difícil amar al nuevo bebé que cargaba; no quería arriesgarse a amarlo por temor de que el costo fuera muy alto.

Entonces una noche en febrero, el parto prematuro no pudo ser detenido. Spencer nació. La primera pregunta de casi todo padre es: "¿Es varón o hembra?" La de Kim fue: "¿Está vivo?" ¡Qué alivio, que el terror ya terminó! ¡Él estaba bien!

"Claro, yo estaba estática. Luego tuve que aprender a amar a esta pequeña persona a la que tanto traté de no amar. Al principio, nuestra relación fue difícil porque en realidad este niño no podía 'reemplazar' a Austin como yo pensé que lo haría. Pero ahora acabamos de celebrar el tercer cumpleaños de Spencer, y él ha capturado el amor de todos en su camino. Me gusta en especial cargarlo en la noche".

Viendo retrospectivamente su tragedia, Kim cuenta muchas bendiciones que Él ha provisto: Una enfermera que cuidó de ellos de forma muy tierna durante una experiencia de parto tan horrible. Un pastor y su esposa, los cuales les guiaron a través del servicio conmemorativo. Una iglesia que se interesó. Ahora ella dirige talleres para otros padres cuyos hijos se han muerto.

Aunque ella no tiene todas las respuestas, puede decir con sinceridad: "Yo sé cómo te sientes..." Kim le dice a aquellos que están de luto: «Reconoce dónde estás. No te señales metas poco realistas. Está bien expresar tus emociones a tu propia manera, pero sí, exprésalas».

Abraza el plan de Dios

La historia bíblica de Ana es un ejemplo excelente para todos aquellos que lidian con este asunto. Después de años sin niños —y sufriendo persecución por esta causa— su oración por fin se convirtió en: "Si me das un hijo, se lo daré al Señor para todos los días de su vida". El pastor Dutch Sheets dice: "Ana deseaba tener un hijo, pero Dios deseaba un profeta... Cuando su oración estaba en línea con la voluntad de Dios, Él honró esa oración". Dios no sólo le dio a Samuel en respuesta a su oración, ella luego dio a luz a otros cinco niños.

Cuán a menudo encontramos que cuando cedemos a los caminos de Dios y abrazamos Su plan para nuestras vidas, ¡Sus bendiciones van mucho más alla de nuestras expectativas!

Oración

Padre celestial, Tú ves nuestra cuna vacía y ves nuestro gran deseo de tener hijos. Tu Palabra confirma que Tú eres realmente un Padre para nosotros, y nosotros sabemos que Tú tienes un amor especial para los niños. Señor, oramos para que contestes el ruego de nuestro corazón de tener un hijo, ya sea por nacimiento o por adopción. Pero sometemos nuestra voluntad a Ti, y confiamos en Tu gran plan y propósito para nuestras vidas. Señor, por favor, haz que Tu presencia y Tu paz nos sostengan mientras esperamos en Ti. En el nombre de Jesús, Amén.

DIEZ

Crisis y trauma

No se turbe vuestro corazón; creéis en Dios,
creed también en mí... Y yo rogaré al Padre, y os dará
otro Consolador, para que esté con vosotros
para siempre.

JUAN 14:1,16

Yo no pasé el dolor y salí al otro lado; yo viví en él y dentro de ese dolor encontré la gracia para sobrevivir y con el tiempo crecer. No me recuperé del dolor de la pérdida de mis seres queridos; más bien absorbí el dolor en mi vida, así como la tierra recibe materia descompuesta, hasta que se convirtió en parte de lo que soy. La tristeza tomó residencia permanente dentro de mi alma y la agrandó... No importa cuán profundo sea el hueco al que descienda, sigo encontrando a Dios allí. Él no está distante de mi sufrimiento sino que se acerca a mí cuando sufro... La encarnación ha dejado una huella permanente en mí. Por tres años ya he llorado en cada servicio de comunión.[1]

GERALD L. SITTSER

¿Por qué vemos tal tragedia en nuestro mundo? ¿Quién puede explicar el por qué el desastre golpea a veces a aquellos que parecen inocentes y desean el bien? ¿Aquellos que menos lo merecen?

Una joven madre muerta por un conductor borracho. Un adolescente paralizado de por vida en un accidente deportivo. Un niño que sufre daños del cerebro porque se le cayó al médico de parto. Niños muertos en un ataque de terroristas. Un misionero que muere en un avión comercial por causa de error del piloto.

El esfuerzo por explicar no nos satisface. Pero la autora Elisabeth Elliot, cuyo esposo Jim murió trágicamente a la edad de veintinueve años mientras estaba en el campo de misión, dice que la pregunta: "¿Por qué?" no es necesariamente mala. Ella escribe:

Hay aquellos que insisten en que cuestionar a Dios es algo muy malo de hacer. Para ellos, ¿por qué? es una pregunta ruda. Eso depende, yo creo, en si es una búsqueda honesta, en fe, de su sentido, o si es un reto de incredulidad y de rebelión. El salmista le preguntaba a Dios a menudo y también Job. Dios no contestó las preguntas pero le contestó al hombre —con el misterio de sí mismo.[2]

Una pesadilla ardiente

Belinda, el tema del próximo relato, pudo haber preguntado fácilmente ¿por qué?, pero no lo hizo. Permita que ella lo cuente:

"Me enamoré de John cuando yo tenía diecinueve años y un año más tarde nos comprometimos. Debió haber sido un período muy feliz de mi vida. Pero este hombre me traicionó y me hirió muy profundamente, al igual que otros muy cerca de mí lo habían hecho. Por lo tanto rompí el compromiso.

«Dos semanas más tarde estaba con una amiga en un café cuando John apareció y preguntó si me podía llevar a casa. Yo estaba aún muy adolorida y enojada con él, pero cuando insistió, de malas ganas acepté ir con él.

«En el auto, el silencio reinaba alrededor nuestro mientras John iba por la carretera. Entonces de repente, se arrimó al costado cerca de un nivel alto de la vía. Momentos más tarde un joven subiendo por la carretera se quedó dormido al volante, y su camioneta yendo a cincuenta millas por hora, chocó la parte trasera de nuestro auto, lanzándonos hacia adelante unos cuarenta pies. El punto de impacto fue del lado del conductor. Vi a John ir hacia adelante y dar su cabeza contra el parabrisas, luego caer de costado hacia mí. Murió instantáneamente.

«Alcé la mirada y vi llamas al frente. Mirando para atrás vi llamas detrás de mí. El impacto había roto el tanque de la gasolina y la misma había salpicado todo alrededor del auto, envolviéndolo en llamas.

«Me quedé sentada pensando: "Esto no puede ser verdad. Esto es un sueño... Ya me despertaré".

«De todas las oraciones que aprendí en la iglesia, la única que sentí que tocaba el corazón de Dios era el 'Padre Nuestro',así que comencé a repetirlo en oración en voz alta. Entonces me di cuenta que no me estaba despertando de esta pesadilla.

«Fue cuando comencé a ahogarme y a respirar duro para tomar aire que la realidad me impactó. ¡El humo me estaba sofocando! Levanté mis brazos y comencé a gritar, me di cuenta que una brisa soplaba por encima de mis dedos. El techo plástico del auto de John se había derretido creando una vía de escape para mí. Poniéndome de pie sobre la manigueta de la puerta y del tablero de mandos, me subí y bajé de un brinco, cayendo sobre mis pies.

«Oí a un hombre gritar '¡Detente, no corras!' y me dio en la espalda con su chaqueta. Mi espalda estaba en fuego y él estaba apagando las llamas. Pronto el helicóptero LifeFlight me estaba llevando al hospital.

«Los doctores le dijeron a mi mamá que los próximos tres días eran cruciales. Tenía 50% de posibilidad para sobrevivir. Mi mamá dice que morí casi tres veces a causa del humo en mis pulmones. Bajaban un tubo por mi garganta y hollín negro salía.

«Una noche mientras estaba sola en la cama del hospital, miré hacia la puerta y vi a un hombre de pelo largo que le llegaba a los hombros y vestido de una túnica blanca, larga y suelta caminando hacia mí. Al acercarse me di cuenta que era Jesús. Y venía acompañado con una hueste de ángeles.

«En la iglesia siempre había visto a Jesús colgado en una cruz. Yo creía que era el Hijo de Dios y que había muerto en la cruz, pero eso era todo lo que sabía. La realidad de su resurrección nunca me había golpeado hasta este momento. Aquí estaba Él delante de mí. Vivo.

«En mi visión, Jesús estaba sentado sobre mi cama y me pidió que me arrepintiera de mis pecados. Mencionó algunos pecados específicos; me arrepentí y prometí no volver a hacer esas cosas nunca más. Parecía saber todo lo relacionado conmigo. Mostraba una gentil comprensión en cuanto a Él, pero al mismo tiempo yo podía sentir su autoridad y su majestad.

«Entonces me habló: 'Ahora eres nacida de nuevo'. En el momento en que me habló aquellas palabras, sentí vida entrar desde las plantas de mis pies y atravesarme hasta la punta de mi cabeza. Me quedé allí acostada repitiendo dentro de mí: 'Voy a vivir. Voy a vivir'. ¡Sentí como si hubiera sido trasladada de las tinieblas a Su luz maravillosa de vida!

«Me sentí tan limpia y lavada que una inocencia como de niña fue restaurada dentro de mí. Donde una vez hubo enojo, amargura, odio y rencor en mi corazón, ahora había amor, compasión, perdón, gozo y paz. Durante los meses que siguieron, Su gracia me sostuvo a través del proceso de la sanidad, con quemaduras cubriendo 68% de mi cuerpo.

«Una noche de enero los médicos me dijeron que iban a tener que amputar mis dedos para prevenir que la infección entrara. A menos que yo estuviera de acuerdo, quizás más tarde tendrían que amputar la mano y quizás parte de mi brazo. ¿Qué remedio tenía? Dí mi consentimiento. 'Nunca más podré hacer nada por mi misma', lloré una y otra vez. Nunca podré aguantar un peine o usar una pluma para escribir.

«Siguieron meses de dolor físico, con demasiadas cirugías para contarlas. Todos los días mis heridas tenían que ser lavadas y vendadas para prevenir infección. Las inyecciones de morfina no fueron de mucha ayuda para calmar el dolor de este proceso. Era como si la enfermera usara un estropajo de hierro, en vez de una toallita suave.

«Muchas semanas después del accidente, cuando vi mi reflejo por primera vez en un espejo mientras un asistente de la enfermera me llevaba al baño, aspiré profundo y casi me desmayé. Ella dijo: 'Ahora, Belinda, si te hubieras visto hace tres semanas, sabrías que ahora te ves mejor'. Cuatro meses después del accidente, me fui del hospital a un centro de rehabilitación para aprender de nuevo cómo hacer las cosas cotidianas que siempre he tomado por sentado. Fue duro y doloroso.

«Me pidieron que hablara con un siquiatra, aunque yo no quería. Pero compartí cómo mi fe en Jesús era la razón de mi gozo y mi paz, y que deseaba con ansias seguir con mi vida. Escribió en mi reporte que yo estaba huyendo de mis problemas y no estaba aceptando lo que me había ocurrido.

«Nunca más hablé con ese siquiatra. La mayoría de las personas, al igual que ese médico, esperaban que yo fuera suicida o que estuviera enojada por lo que había sucedido. Aun hoy día, con las cicatrices tan obvias de la quemadura, muchas personas asumen lo mismo.

«Jamás sabré por qué aquella noche John se hizo a un lado de la carretera, pero jamás le eché la culpa a Dios por lo que sucedió; tan solo estoy agradecida de que Jesús vino a mí de una manera tan hermosa para darme vida.

«Ahora, diecisiete años más tarde, mientras miro hacia atrás, me maravillo del amor y de la fidelidad de Dios, los cuales me han ayudado a vencer los obstáculos en mi vida. En cuanto a mis necesidades físicas, de nuevo he aprendido a hacer todo por mi misma: comer, escribir a máquina, bañarme, vestirme, conducir un auto. Vivo una vida normal. Todavía llevo las cicatrices físicas de aquella trágica noche, pero las cicatrices emocionales e interiores han sido sanadas por completo».

Hoy día Belinda tiene oportunidades de hablar a menudo a grupos de mujeres acerca de su victoria a través de la tragedia. Ella también sirve en la junta de un ministerio de mujeres cristianas.

Perdidos en el mar

Dot, al igual que Belinda, ha conocido graves tragedias. Ella cuenta su historia:

"Al atardecer del siguiente día después del Día de Acción de Gracias en 1984, mi hijo Jeff fue a casa de mi mamá y me llamó para que saliera al patio. 'Mamá, esta mañana los Guardacostas recibieron un S.O.S. del bote de papá y David —dijo—. Decía: Socorro, socorro... luego se fue del aire con un ruido. Dijeron que anoche hubo una mala tormenta en el Golfo...'

«Mis rodillas se aflojaron y todo mi cuerpo comenzó a dormirse. Una oración espontánea salió de muy dentro de mí mientras comencé a gemir. Era como si mi espíritu, alma y cuerpo estuvieran a punto de desintegrarse, pero el Espíritu del Dios vivo me mantenía unida.

«Elbert, mi esposo de treinta y ocho años, y David, mi hijo mayor, eran el capitán y el ingeniero de esta nave de noventa y siete pies de largo, una de varias de la flota de una nueva compañía de recolectar cangrejos en el Golfo de Méjico. Tenían abordo una tripulación compuesta de cuatro hombres. Ahora habían desaparecido. Gordon, mi hijo mayor, era el capitán de la nave más grande de la flota. Si él y su esposa no hubieran venido a casa por el Día de Acción de Gracias, Gordon también hubiera estado en alta mar.

«A medida que la noticia corría vía radio y periódico, multitudes de personas que habíamos conocido en el ministerio alrededor del mundo comenzaron a llamar, escribir y a venir a estar a mi lado. Fueron exhortadores especiales que Dios envió con sus oraciones, ayuda, finanzas y comida.

«Los Guardacostas, la Fuerza Aérea, la Marina y la compañía de Elbert, todos estaban a la búsqueda del bote perdido. Yo busqué. Washington nos dio autorización del Departamento del Estado y Cuba nos dio permiso para buscar debajo del paralelo veinte. Ninguno de los equipos pudo encontrar rastro alguno del bote perdido o de su tripulación.

«Muchas veces de noche me iba a la habitación en el ático y, con los casetes de acompañamiento cantaba y alababa a Jesús toda la noche. A veces era como si la agonía de todo me haría perder el juicio. Pero metía mi cabeza en la almohada y gritaba: *¡Jesús, Jesús, Jesús!* Cada vez que gritaba su nombre, la paz y sosiego venían, y me tranquilizaba.

«No tuve sueldo por un año. Varios de mis hijos y nietos vinieron a quedarse conmigo —en un momento dado hubieron ocho de ellos bajo mi techo—. Como familia nos aferrábamos el uno al otro, oramos juntos, buscamos juntos, esperamos juntos, atravesamos todo juntos.

«Tarde aquel verano experimenté una brecha en el camino cuando, al estar sentada en mi auto un día, comencé a llorar con gran compasión y perdón hacia el dueño del barco. De alguna manera yo sabía que tenía que perdonarlo, aunque no estoy segura que entiendo exactamente lo que guardaba en mi corazón, enojo, quizás. Pero con esa oración de perdón vino mi liberación.

«Ya para agosto de 1985, nada se había encontrado y los abogados aún estaban negociando el caso. La desilusión y la presión eran agobiadoras. Al fin, después de la investigación de ocho meses, la compañía del barco y los Guardacostas enviaron una carta de 'presunción de muerte' a mi abogado, declarando: 'Se presumen muertos todos abordo'. Este era el documento necesario para poder someter a la compañía de seguros. Exactamente un año después que el barco desapareció, el caso fue resuelto.

«No pudimos llegar a un acuerdo satisfactorio para poder cubrir mis necesidades financieras y llevar la tragedia a su fin. Mi abogado me dijo: 'En realidad Dios te ha provisto'».

Un último adiós

Cuando la adversidad golpea, ¿puedes aún confiar que Dios te cuidará a través de los momentos difíciles? Marge y Ken experimentaron una de las pérdidas mas trágicas que algún padre pueda imaginarse. Pero aún hoy, veinticinco años más tarde, ellos pueden decirte que han experimentado de primera mano la fidelidad de Dios, aún cuando perdieron sus tres hijos de un golpe que les destrozó el corazón. Marge comparte la historia de ellos.

"Ya se acercaba con rapidez el atardecer y yo sabía que nuestros tres hijos y su amiga Lydia tenían un viaje largo de carretera por delante de ellos después de un fin de semana en nuestra casita de verano. Nosotros queríamos que ellos se fueran antes que nosotros para que la mamá de Lydia no se preocupara. Yo dije: 'Gary, lleva a Lydia a su casa y después sigue a casa. Nosotros vamos a parar en el pueblo para ir a la iglesia pero les veremos más tarde esta noche'.

«Me incliné hacia adelante y les di un beso, algo que yo normalmente no hacía. No cuando les iba a ver de nuevo en unas horas. Pero por alguna razón parecía importante.

«Gary de diecisiete años, en el último año de segundaria, iba manejando. Callie, de quince, iba sentada al lado de él acariciando a Poochie, nuestro perro. En el asiento de atrás, Diane de once años, iba charlando con su compañera de clase, Lydia.

«Cuando ya no los podía ver, regresé a la casita. No había ningún mal presentimiento aquella fresca noche de octubre, era domingo.

«Me ocupé de cerrar las puertas, recogiendo libros, y dando gracias a Dios por haber tenido un domingo juntos tan agradable. Compartimos la comunión en una iglesia pequeña que habíamos visitado aquella mañana. El día fue tan perfecto. ¡Cuán rápido se había ido el tiempo!

«Terminé mis quehaceres y me uní a Ken esperando en el auto. Pero habíamos ido no más de quince minutos cuando una bengala iluminada nos avisó de un control de carretera más adelante.

«Creo que debemos detenernos —dijo Ken, estrechando su mano a la mía. Llamó al policía dirigiendo el tráfico: ¿Ha habido un accidente? ¿Hay algún herido?

«Sí. Cuatro —respondió el hombre. Rápidamente Ken se hizo a un lado y detuvo a un peatón que había pasado por el lugar del accidente. Nos contó que un camión que venía de Baton Rouge se había desviado de la carretera. Tratando de enderezarse el camión, dobló demasiado a la izquierda y chocó de frente con un auto que venía. Mencionó que un auto compacto de color dorado fue una pérdida total.

«*Oh, Dios mio —pensé, dándome cuenta que podría ser el nuestro. De manera frenética corrimos hacia el accidente. Aunque la parte delantera del auto estaba horriblemente aplastada, al instante supimos que era el nuestro.*

«Entonces los vimos a ellos. Nuestros tres hijos y Lydia, acostados sin moverse en el metal torcido. Gary estaba echado hacia adelante, como si estuviera tratando de recoger algo del suelo. El pelo largo de Callie de color café cubría su cara. Diane y Lydia aún estaban en el asiento trasero, recostándose la una de la otra como en un sueño profundo.

«Grité. Mi mente se rehusó a aceptar lo que mis ojos me decían que era cierto. Toqué a cada uno suavemente. Mis bebés. Sin vida. Esto tenía que ser una pesadilla. Seguro que estaban meramente inconscientes. 'Despiértense, muchachos, supliqué. Por favor, despiértense'.

«Entre grandes sollozos convulsivos, Ken gritó: '¿Por qué no hacen algo? Consigan a un médico. Llamen a la ambulancia. ¡Ayúdenos!'

«Me aguante sin esperanzas a Ken. Entonces juntos comenzamos a repetir una palabra: 'Jesús. Jesús. Jesús'. Aquel fin de semana habíamos estado cantando una canción acerca del nombre precioso de Jesús. Ahora su nombre era la única palabra que podíamos decir, la única palabra que traía consuelo.

«Alguien nos dirigió a una casa con un teléfono. Ken llamó a nuestro pastor que estaba en la iglesia, quien había comenzado el servicio de la noche. Entre lágrimas Ken le contó nuestra tragedia increíble y le pidió que notificara a la mamá de Lydia.

«Nuestro pastor despidió el servicio para poder estar con nosotros, pero la congregación se quedó en la iglesia para orar por nosotros. Ken y yo queríamos estar solos mientras esperábamos a nuestro pastor. Entramos en una habitación de la casa donde estábamos y encontramos, lo menos esperado, un pequeño banquito para arrodillarse. Nos arrodillamos juntos.

«'Dios, no podemos con este problema sin tu ayuda —lloró Ken—. Amado Jesús, esto es más grande de lo que podemos soportar. Por favor, llévalo por nosotros'.

«Mientras Ken oraba, me sorprendió los recuerdos que comenzaron a surgir en mi mente, aunque mis sentidos estaban entumecidos. En los primeros días de verano Gary había estado enojado y estaba culpando a Dios porque tenía que pagar cien dólares por los arreglos de su auto después de un pequeño accidente que no fue su culpa. Después de animarlo suavemente a que le diera a Dios el problema, oró sobre el asunto y me dijo que él sabía que Dios le iba a ayudar a ganar el dinero. Entonces al próximo día se enteró que después de todo, el seguro le iba a cubrir todos los gastos del arreglo.

«'Vaya, ¿no es bueno Dios?' —dijo Gary con una sonrisa grande. Las lágrimas corrían por mi cara mientras vivía ese momento de nuevo.

«Pensé en Callie, quien había cumplido el deseo de su corazón aquel verano de enseñar a los muchachos acerca del amor de Jesús en clubes bíblicos de la vecindad. Y me acordé de Diane, definitivamente nuestra activa niña, quien ayudó a su equipo de natación a ganar y traer un trofeo a casa.

«Entonces, de forma extraña, pensé en mi mamá. Casi le podía oír deciéndome: *'Marge, Dios siempre nos prepara para los valles y nos provee su fortaleza para mantenernos a flote'*. Ella se había quedado con siete hijos cuando papá murió. Aunque yo nada mas tenía tres años para ese entonces, sabía que su fuerza interior había venido por su fuerte fe cristiana —y ahora surgió dentro de mí.

«Dentro de un período de una hora, varios amigos cercanos vinieron para estar con nosotros. Fueron a identificar los cadáveres de nuestros hijos, librándonos de ese dolor horrible. Dijeron que parecía que los tres fallecieron al instante. Otra pareja nos llevó a su casa a pasar la noche, pero no podíamos dormir.

«En el funeral la siguiente noche, más de mil quinientas personas vinieron para dar sus pésames. Yo estaba tan saturada con la fuerza de Dios que terminé consolando a algunos que habían venido para consolarme a mí. El estar tan consciente de Su presencia fue como una paz ardiente que radiaba de mi cuerpo a todo lo que tocaba.

«Estaría mintiendo si dijera que los días siguientes no fueron solitarios. Lo fueron. Pero los amigos que venían para sacarme de compras, para llevarme a comer, o simplemente para hablar, aliviaron el dolor.

«Entonces comencé a revisar las pertenencias de mis hijos. Cada pequeño tesoro que descubría era como una pepita de oro que ahora brillaba con un nuevo sentido.

«Se iba haciendo evidente que por meses Dios nos había estado preparando paso a paso para esta pérdida triple. Nos llevó a pasar tiempo juntos en la casita, a disfrutar fines de semanas amándonos los unos a los otros, a compartir nuestra fe como familia. Mirando en retrospectiva, podía ver cómo Dios usó las vidas jóvenes de los niños para bendecir a otros.

«Una muchacha de la secundaria que había salido con Gary a quien Gary le había testificado acerca del Señor, se convirtió en misionera. Un niño que Callie había enseñado en el estudio bíblico de la vecindad llegó a ser un líder de jóvenes. Hasta una niña de la clase de Diane del sexto grado se hizo cristiana porque, como dijo, ella vio las acciones de Diane.

«Dos años después de la muerte de nuestros hijos, Dios nos bendijo con un bebé que le pusimos por nombre, Scott Allen.

«Sorprendentemente, la victoria mayor de nuestra triple pérdida es que hemos tenido el privilegio de consolar a otros que también han perdido seres queridos».[3]

Estando preparados para la crisis

Hacerle frente a una enfermedad progresiva puede ser traumático, en especial cuando no sabes qué anda mal, como te lo puede contar Judy. Comenzó sufriendo dolores intensos de cabeza, mareo, y presión en la parte de atrás del cuello. Por seis meses batalló para poder continuar con su trabajo de relaciones públicas, pero luego comenzó a experimentar una lentitud al caminar.

Consciente de que algo muy mal andaba con su cuerpo, Judy y su esposo Jerry se fueron a las montañas a orar y a ayunar por tres días. Judy dijo que confesó todo pecado que supusiera la pudo haber separado de lo mejor de Dios, y luego le pidió al Señor que le ayudara a organizar sus prioridades al enfrentarse a esta crisis.

Al fin, las pruebas revelaron un gran tumor en su cerebro. "Hay que sacarlo de inmediato", les dijo el doctor. Enseguida Jerry y la compañera de oración de Judy comenzaron a llamar a diferentes personas por todo el país para que oraran.

En el salón de recuperación, después que los cirujanos removieron un pedazo de su cráneo y un tumor del tamaño de una bola de tenis, Judy se despertó de un sueño donde se encontraba en una reunión de oración. Lloró cuando se dio cuenta que la cirugía ya se había terminado y aún podía pensar, sentir, y responder a estímulos. Le pidió a la enfermera que pusiera un casete de música de alabanza, y adoró al Señor con la canción "He aquí el Cordero". Fue el comienzo de su extraordinaria recuperación.

Durante los próximos cuatro días mientras oía casetes de versos de las Escrituras sobre la sanidad, Judy sintió que la Palabra de Dios le estaba literalmente restaurando. El doctor le dio de alta con órdenes de mantenerse en reposo en la casa, sin hablar y sin visitas.

"No dormí por cinco días, pero descansé en el Señor y medité en su Palabra —dijo ella—. Recobré mis fuerzas mucho más rápido de lo que los doctores esperaban, pero nunca regresé a mi antiguo empleo. Desde que oré acerca de mis prioridades, siento que el Señor me ha llamado a un papel más activo de intercesora, y en las misiones".

Ocho semanas después de la cirugía, Judy se fue a un viaje de misiones al África, seguido por viajes a Korea y a Israel. Muchas veces ha cruzado los Estados Unidos como coordinadora de la intercesión y la oración de varios ministerios.

¿Cómo pudo estar sin miedo a través de una cirugía tan seria? Judy está segura que aquellos días de oración y ayuno la prepararon espiritualmente, aunque Dios no le reveló cuán extensa iba a ser la experiencia tan terrible que estaba por enfrentar.

"He aprendido que siempre tengo que estar preparada para encontrarme con Dios —dijo ella—. Simplemente confié en Él, y ya sea que viviera o muriera, yo estaba en las manos de Dios".

Fe para cualquiera crisis

Hoy día algunos padres se encuentran siendo los guardianes de sus nietos mientras enfrentan algunas crisis dentro de sus propias familias. Sally comparte su historia de cómo ella y su esposo Frank aprendieron, a través de tal reto, una profundidad nueva acerca de la oración.

"Poco tiempo después que Frank se recuperó de un serio ataque al corazón, nuestro hijo adolescente y su novia embarazada se casaron. Unos meses más tarde nació nuestro nieto Ronnie, perfectamente saludable. Pero el matrimonio fracasó poco después. La mamá de Ronnie en realidad no quería estar atada a un bebé, por lo tanto mi esposo y yo nos hicimos cargo del cuidado de nuestro nuevo nieto.

«Cuando tenía cinco meses de nacido, Ronnie tuvo una reacción horrible a una inyección de DPT y sufrió daño al corazón. Fue hospitalizado por dieciseis días. El latido de su corazón era tan rápido que la máquina no lo pudo grabar y su corazón se puso muy grande.

«Cuando lo trajimos a casa, nos dijeron que podíamos esperar una de estas posibilidades para su futuro: (1) podría morir; (2) podría sobrevivir pero tener actividades en extremo limitadas; (3) quedaba una pequeña posibilidad de rebasar su condición.

«Alrededor de seis semanas más tarde llevamos a Ronnie a una reunión donde el ministro oró para que Dios lo sanara. Esperábamos un buen informe del médico cuando lo llevamos a su chequeo luego de tres meses pero no estaba mejor. Seis meses después de eso estaba solamente un poco mejor. Seguíamos saturándole con la oración. Por lo tanto, cada vez que lo llevábamos al doctor había mejorado. Seguíamos orando y creyendo a Dios por su sanidad total.

«Al fin, después de seis años de chequeos médicos, el cardiólogo dio a Ronnie de alta, dándole la luz verde para hacer lo que quisiera hacer físicamente. Desde entonces ha jugado al beisbol, fútbol, y baloncesto.

«Sabemos que Dios le libró la vida a Ronnie por alguna razón, y también le salvó la vida a mi esposo para que Ronnie, a quien adoptamos legalmente cuando aun era un bebé, pudiera tener un papá y crecer en una familia cristiana estable. Ronnie tiene ahora catorce años, y el Señor nos da fuerza y sabiduría para la tarea de criar un adolescente».

Las mujeres en estas historias experimentaron la "morada divina" de Dios, así como lo llama Hannah Whitall Smith. Escribe: "La lección final y más grande que el alma tiene que aprender es el hecho de que Dios, y sólo Dios, es lo suficiente para todas sus necesidades. Esta es la lección que nos quiere enseñar en todos Sus tratos con nosotros; y éste es el descubrimiento supremo de toda nuestra vida cristiana. ¡Dios es suficiente!"[4]

Si, es posible experimentar aún aquí sobre la tierra la morada divina de Dios, mientras recibimos de parte de Él la fuerza necesaria para atravesar momentos de crisis o de trauma. Él es nuestro castillo, nuestro refugio y nuestro consolador.

Oración

Señor, mi mente está bombardeada con preguntas acerca del trauma en mi vida ahora mismo. Nada parece tener sentido, y puede que no sea posible encontrar respuestas que satisfagan. Pero Señor, te pido que me des Tu paz y consuelo en medio de este trauma.

Tú has prometido que nosotros podemos echar toda nuestra ansiedad sobre Ti, porque Tú tienes cuidado de nosotros (1 Pedro 5:7). Padre, ayúdame a entregarte a Ti todas mis preguntas y preocupaciones acerca de esta situación. Yo escojo confiar en Ti no importa lo que suceda, y te doy gracias por Tu fidelidad. Amén.

ONCE

Alcanzando a los que sufren

Según cada uno ha recibido un don especial, úselo
sirviéndoos los unos a los otros como buenos
administradores de la multiforme gracia de Dios.

1 PEDRO 4:10

Mantengo un recuerdo claro de mi niñez, de la caridad mensual de mi tía Eunice. Llevaba un librito del Aged Pilgrim, Friend Society y todos los meses visitaba sin falta a las mujeres en aquella lista. A menudo, yo la acompañaba cuando llevaba dinero o comida, ropa o paquetes de Navidad a aquellas ancianas. En su propio estilo, callado, sin excentricidades, tía Eunice me enseñó cómo convertir el dolor impersonal y crónico en una experiencia personal para compartir. Insistía en visitar a las mujeres, no les enviaba paquetes por correo, y fielmente mantuvo su simple ministerio por años.[1]

DR. PAUL BRAND

¿Has notado que después de atravesar momentos difíciles, sientes más empatía por aquellos que están pasando por un problema similar? Los tiempos difíciles tienden a engendrar compasión por otros.

Una forma en que podemos alcanzar a los que sufren es practicando los mandamientos recíprocos de la Biblia. Encontramos más de cincuenta "unos por los otros" en el Nuevo Testamento. Estos son sólo algunos:

- Orad unos por los otros.... Santiago 5:16.
- Amaos los unos a los otros.... Juan 13:34-35; Romanos 13:8; 1 Juan 3:23.
- Recibíos los unos a los otros.... Romanos 15:7.
- Hospedaos los unos a los otros.... 1 Pedro 4:9.
- Procurad lo bueno los unos para con los otros.... 1 Tesalonicenses 5:15
- Servíos por amor los unos a los otros.... Gálatas 5:13.
- Sobrellevad los unos las cargas de los otros.... Gálatas 6:2.
- Que no haya división entre vosotros.... 1 Corintios 1:10.
- Confesaos vuestros pecados los unos a otros.... Santiago 5:16.
- Perdonándoos unos a otros.... Efesios 4:32; Colosenses 3:13.
- Cesar de juzgarse los unos a los otros.... Romanos 14:3.
- Enseñándoos y amonestándoos unos a otros.... Colosenses 3:16.
- Preocupaos los unos por los otros.... 1 Corintios 12:25.

- Daos preferencia unos a otros.... Romanos 12:10.
- Animaos unos a otros.... 1 Tesalonicenses 5:11; Hebreos 10:25.

Quizás la mejor manera de alcanzar a los que sufren es simplemente estando allí para exhortar, consolar y ayudar. El verbo griego que a veces se traduce "animar" y a veces "exhortar" viene de la misma raíz que el sustantivo traducido "consolador" o "ayudante" en Juan 14:26, haciendo referencia al Espíritu Santo.[2] De igual manera que el Espíritu Santo viene a nuestro lado para consolarnos, nosotros también podemos estar al lado de una hermana que está luchando, para ayudarla y animarla en medio de su prueba.

Ejemplos de consolación

Quizás te sientes que no tienes ni idea de cómo consolar a alguien que está luchando. He aquí tan sólo algunas maneras en que las mujeres que lidian con momentos difíciles han experimentado ánimo de parte de amigos que se preocupan:

"Después que mi madre falleció, una amiga enfermera vino para ayudar a eliminar el hedor a cáncer en la habitación. También oró conmigo mientras limpiábamos y llorábamos".

"Cuando tuvimos que salir de la ciudad por unas semanas, una amiga visitó con regularidad a mi suegra en el hogar de los ancianos, para que no se sintiera abandonada".

"Cuando mi hijo fue a la prisión, una amiga cercana vino y se sentó conmigo y me dejó hablar y llorar".

"Cuando mi esposo perdió su empleo, amigos dejaban comestibles en nuestra puerta sin tocar el timbre, para que nosotros no supiéramos quiénes habían sido nuestros benefactores".

"Cuando nuestra hija atravesó su doloroso divorcio, otra mujer que había experimentado un dolor similar la llamaba con regularidad para exhortarla".

"Cuando mi esposo se estaba muriendo de cáncer, una amiga organizó un grupo de enfermeras voluntarias para estar con él durante la noche. Yo podía dormir sin preocupación, sabiendo que él tenía ayuda profesional".

"Después que perdimos nuestro bebé, una amiga nos dio un rosal llamado "Cherish". Cada primavera, justo alrededor de la fecha de mi pérdida, el rosal afuera de la ventana de nuestra cocina florece con delicadas rosas escarlatas, trayendo un inmenso consuelo año tras año".

La importancia de los amigos

Cuán consoladores son los amigos cuando estamos atravesando por momentos difíciles. Yo (Quin) mantenía un mayo, hecho de diferentes cintas de colores, cerca de mi escritorio para recordar mis doce amigas más cercanas. Siento gozo y me animo cuando lo miro y pienso acerca de cada apreciada amiga representada por su color especial. Todas ellas se han enfrentado a momentos difíciles.

La mayoría de ellas ya no viven cerca. Y como nos mudamos del extremo sur al oeste del país, hace cuatro años, ha sido más difícil formar amistades realmente cercanas. Ahora estoy en mis "años de plata", involucrada en ser abuela, escribiendo, y viajando a compromisos como expositora. Pero cuando estoy algo cerca de cualquiera de las ciudades donde viven mis amigas de toda la vida, hago un esfuerzo especial para visitarlas. También he estado orando a Dios para que traiga a mi vida aquí, en estos nuevos alrededores, las amigas correctas. Y lo ha hecho.

"Nuestras amigas, especialmente nuestras mejores amigas, son amortiguadores contra el estrés» —dice la doctora Brenda Hunter en su libro *En la compañía de mujeres*:

NOSOTRAS NECESITAMOS A NUESTRAS AMIGAS COMO CONFIDEN-
TES, COMO PIEZAS DE APOYO, COMO GUÍAS PARA CRIAR A

NUESTROS HIJOS, COMO COMPAÑERAS. ELLAS NOS ACEPTAN, NOS AFIRMAN, Y COMPRENDEN LO QUE SIGNIFICA SER MUJER. TENEMOS QUE DARLES CUENTA; NOS AYUDAN A CRECER. CUANDO ESTAMOS CASADAS, ELLAS PROVEEN APOYO EN NUESTROS MATRIMONIOS, Y CUANDO SOMOS SOLTERAS, ELLAS SON A LAS QUE ACUDIMOS PARA UNA COMPRENSIÓN MÁS PROFUNDA. NORMALMENTE, NUESTRAS AMIGAS MÁS CERCANAS TAMBIÉN COMPARTEN NUESTRA JORNADA ESPIRITUAL.[3]

Uno de los placeres más grandes de la amistad es el vínculo espiritual que encontramos cuando oramos de acuerdo la una por la otra. Te instamos a que pidas al Señor que te una, a una o más compañeras de oración que estarán a tu lado durante los momentos difíciles. Claro, tú les reciprocarás cuando la necesidad surja. Amigas que orarán contigo, señalando el camino de regreso a Dios, el que realmente te lleva las cargas, no tienen precio.

Se necesitan madres sustitutas

Otra "oportunidad de compartir" que tenemos como mujeres cristianas es la de ser una madre sustituta para una madre joven. Uno de los momentos más difíciles en la vida de una mujer es cuando se es madre de bebés y de niños pequeños. Muchas han compartido con nosotras cómo se han sentido solas, tratando de proveer las necesidades de sus hijos y al mismo tiempo perdiendo el contacto y la conversación con adultos. La mayoría no viven cerca de abuelos o de miembros de su familia.

«Las mujeres mayores nos dicen que disfrutemos de esta época de la vida de nuestros hijos, porque ha de pasar demasiado rápido, lo cual sabemos que es cierto —nos contó una madre—. Pero esa respuesta en realidad no nos brinda una solución práctica, ni nos consuela».

¿Habrá alguna manera en que podamos alcanzar a estas mujeres necesitadas? Sí. Simplemente ofrece ser una amiga. Muchas madres jóvenes anhelan ser apoyadas y aceptadas, ser responsables ante una "madre sustituta", y llegar a ser todo lo que Dios quiere que ellas sean. ¿Pero dónde están las mujeres espirituales, maduras, para influenciarlas y ayudarlas a desarrollar su potencial?

Renee, de Titusville, Florida, y madre de seis, nos escribió acerca de su mentora espiritual, Mary Jo Looney, la cual le sirvió desayuno los martes por la mañana por diez años. Algunos días Renee llevaba a sus hijos con ella; otros días su suegra se quedaba con ellos. Escribe:

"Dios trajo a Mary Jo a mi vida cuando mi tercer hijo era tan sólo un bebé y yo necesitaba desesperadamente el ser animada por una mujer mayor. Ella se convirtió en una madre espiritual para mí. Algunos dias cuando yo estaba desanimada, ella me ofrecía esperanza. Ha sido para mí 'Jesús en la carne'. Cuando yo llegaba a su puerta cansada de las demandas de ser madre, ella me proveía refrigerio para mi cuerpo, alma y espíritu.

«Me ha ayudado en el enfoque del sistema de valores de Dios y lo que en realidad es importante en la vida. Mientras algunos miraron con mala cara el anuncio de mis últimos tres embarazos, ella siempre me instaba a recordar que cada niño es la semilla de justicia de Dios, para criar para Su gloria. He llegado a ser una mejor madre por el resultado de su influencia piadosa.

«Sus palabras de exhortación me han ayudado a ser una esposa mejor. "Ese esposo tuyo es una joya", diría, ayudándome a amarlo sin condición».

Hace ocho años, Dios le dio la idea a Mary Jo de invitar a cenar a su casa a las próximas diez mujeres jóvenes que ella conociera. Vinieron siete y compartieron sus relatos de familia. Se rieron y descubrieron que eran normales. Lo pasaron tan bien juntas que tres se ofrecieron de voluntarias para tener un almuerzo donde cada una traería un plato, para ver si otras iban a disfrutar la comunión entre sí, tanto como ellas lo hicieron.

Hoy día aún se reúnen una vez al mes de treinta a cuarenta mujeres jóvenes, para que Mary Jo y varias otras mujeres mayores puedan enseñarlas y exhortarlas. También forman grupos pequeños para orar la una por la otra antes de irse.

Algunas de las mujeres jóvenes que vienen son nuevas en la comunidad y necesitan una amiga. Otras tienen necesidades emocionales o espirituales. Siempre hay alguien ahí con quien se pueden identificar y orar por sus problemas. Las nuevas mamás traen a sus recién nacidos para que las otras los vean, les amen y oren por ellos.

Yo (Quin) miro casi veinticinco años atrás, cuando Mary Jo se convirtió en *mi* amiga. Compartió conmigo sus recetas de "Mamá ocupada", me animó a comenzar a dar clases de mujeres, y me enseñó a mí y a mis hijas a cómo decorar con poco dinero. Aún está ahí para mí, a lo largo de las millas telefónicas, una animadora necesaria en ocasiones.

Algunas mujeres han tenido la bendición de tener de mentoras a sus propias madres, aunque eso es bastante extraño en estos días. Joyce Wright, esposa de Norman Wright, conocido autor y consejero, sufrió el impacto de la dolorosa noticia de que su bebé nunca progresaría mas allá del nivel de un niño de dos años de edad. Además del apoyo de su esposo durante los veintidos años de vida de Matthew, tuvo la ayuda del modelo de la fe de su madre. Joyce escribe acerca de ella:

Ella ha sido un ejemplo maravilloso de confianza diaria en Dios, sosteniéndose en las Escrituras durante el período de cáncer de su hijo y su muerte prematura. Yo era una esposa joven, inmadura espiritualmente, y no tenía experiencia en el dolor profundo. Por lo tanto, viendo a mi mamá me impresioné grandemente. Vi a Dios transformar la vida rebelde de mi hermano, y aprendí a mirar más allá de las circunstancias de la enfermedad y de la muerte, a la victoria espiritual. Vi a mi mamá manteniéndose aún a través de duros momentos de pruebas. Yo sabía que la única forma en que podía atravesar mi propio gran reto era a su manera.[4]

Estos instantes de guía espiritual ilustran el principio del cual Pablo escribió:

Asimismo, las ancianas deben ser reverentes en su conducta... que enseñen a las jóvenes a que amen a sus maridos, a que amen a sus hijos, a ser prudentes, puras, hacendosas en el hogar, amables...

Tito 2:3-5

Oraciones en lugar de consejos

A veces la cosa más valiosa que un mentor espiritual puede hacer por nosotras es tan solo orar. Anna se recuerda de los momentos difíciles que sobrellevó cuando su esposo y ella eran unos jóvenes misioneros con niños pequeños. Viviendo lejos de casa y de los amigos, tuvieron que batallar para ajustarse a una cultura y lengua extraña, a compañeros de trabajo difíciles, y a condiciones difíciles, de vivir en viviendas llenas de insectos. Cuando Anna se enteró de que estaba encinta de nuevo, anhelaba tener a alguien que la consolara.

Ella y su esposo montaron a sus hijitos en el auto y manejaron ochocientas millas a la capital para visitar a una pareja de edad avanzada que había vivido y trabajado por años en este país. Abrieron sus corazones a sus amigos, soltando toda su frustración acumulada. La pareja mayor no ofreció ningún consejo específico. Tan solo dijeron: "Oremos juntos".

«En algún momento durante el tiempo de oración de toda la noche, Dios me llenó con su amor y su Espíritu Santo —informó Anna—. Al próximo día me desperté una nueva persona, y desde aquel día, las Escrituras comenzaron a resaltar de las páginas cuando estudiaba la Biblia, y un amor nuevo por Jesús llenó mi ser. A pesar de mi debilidad física durante los meses siguientes, Dios nos dio de forma milagrosa una niña saludable. La obra que comenzó en casa de los amorosos amigos, y la infusión de la Palabra a mi espíritu, literalmente me cargó a través del período oscuro de mi vida. A menudo me veía sosteniéndome de versículos de la Escritura así como una persona que se está ahogando se sostiene de un salvavidas, y me iba a dormir citando las promesas de las Escrituras».

Desde entonces Anna y su familia han estado en muchas aguas profundas, pero la Palabra de Dios continúa siendo su pilar. Ella ha establecido la costumbre de tener a diario un tiempo de meditación con el Señor, junto con música cristiana para levantar su ánimo y darle un sentido de Su presencia.

"He aprendido que no puedo huir de mis circunstancias o enterrar mi cabeza y aparentar como que el problema no está ahí —dice ella—. Tengo que enfrentar en forma directa lo que Dios permite en mi vida, reconociendo mi necesidad de compañerismo y exhortación cristiana. Todos necesitamos familia, amigos, y de la familia de la iglesia para ayudar a llevar las cargas".

Más allá de nuestras fronteras

Al comienzo de este capítulo citamos el verso que nos dice que usemos nuestros dones en especial para bendecir a otros (vea 1 Pedro 4:10). Claro está que no debemos limitar esto tan solo a nuestros amigos y conocidos. Dios quiere que estemos dispuestos a alcanzar más allá de nuestras fronteras, más allá de las fronteras de cultura, de raza, lengua o clase social.

Muchas veces, yo (Quin) he viajado a otros países en una jornada de oración o para hablar a un grupo de mujeres. Pero hace algunos años me uní a un equipo de alcance de mujeres norteamericanas en una misión de misericordia a Guatemala. Viajamos al interior por medio de ómnibus, bote y un camión de plataforma, y luego caminamos por medio de un campo de café para poder alcanzar el pequeño pueblo de indios.

Allí repartimos medicinas, ropa, literatura del Evangelio y amor a esas preciosas personas, muchos viviendo en casas de un cuarto con pisos de barro y techos de aluminio. Cada miembro del equipo pagó sus propios gastos, y bendijo a las personas con su don único, ya sea enseñando, cuidado de enfermería, trabajo manual o música.

Las barreras se derritieron mientras compartimos nuestro amor con las mujeres del pueblo, y a cambio recibimos el suyo. Mientras estábamos de pie, en una pequeña casucha, declarando bendiciones sobre una familia y cantando alabanzas a Dios en tres lenguas, la experiencia tuvo un profundo impacto en cada uno de nosotros.

Quizás no te puedas ver yendo en un viaje de misión a una tierra lejana. Pero cada uno de nosotros puede atravesar barreras y alcanzar a aquellos en necesidad, sin tener que salir de nuestra propia ciudad.

Una maestra certificada que conocemos, se ofreció como tutora de matemáticas y ciencia para niños adolescentes en un programa de residencia de jóvenes con problemas. Esto es, a pesar de ella lidiar con su propia decepción con su hija quien se rebeló en contra de los valores cristianos de su familia. Al alcanzar a otros en necesidad, se preocupa menos por sus propios problemas, informa la madre. "Me he quitado de encima la situación de mi hija, y la estoy dejando completamente en las manos de Dios —dice—. Y ese es el lugar mejor donde puede estar".

Otra conocida invitó a mujeres de una sección pobre de la ciudad a su bella casa con piscina, proveyéndoles un lugar de refrigerio, exhortación y estudio bíblico. Al pasar el tiempo, ella estableció un centro de mujeres en la zona urbana, para ministrar a las necesidades de las mujeres y ayudar a proporcionar entrenamiento de trabajo.

Eleanor Workman es una querida amiga mía (Ruthanne) que se interesó en las necesidades de los niños en Haití. Animando a su grupo de estudio bíblico a orar y a ayudar, ella comenzó a recaudar fondos y a hacer viajes misioneros cortos a Haití mientras aún trabajaba en un empleo del gobierno.

Con el tiempo, siguiendo la guianza de su corazón, dejó su empleo y estableció un orfelinato en Haití para recibir bebés abandonados o no deseados. Hoy día, más de veinte años después, ella supervisa dos orfelinatos y dos escuelas que ministran a cientos de niños abandonados y sumidos en la pobreza. Pero todo comenzó tan sólo extendiendo su mano para ayudar a los necesitados.

Unos de mis gozos más grandes ha sido el de llevar a grupos de voluntarios de muchas edades y oficios a ayudar en la obra de Eleanor, incluyendo a mi propia mamá, y mi suegra que hizo su último viaje misionero a la edad de ochenta y cuatro. Aparte de lo que ellas hacen para los niños y los trabajadores haitianos, han sido inspiradas con el ejemplo de Eleanor. Y han regresado a casa con un celo nuevo de alcanzar a los que sufren.

Orando por otros

Uno de los mandamientos recíprocos: "orad unos por los otros", a veces significa involucrarse con extraños. Yo (Quin), me acuerdo de un día cuando mi compañera de oración Fran y yo visitamos a una mujer gravemente enferma que no conocíamos y que estaba en un cercano hospital militar. Mi hijo me había llamado y me pidió que fuera; el hijo de ella era uno de sus compañeros de cuarto.

"Se está muriendo de cáncer de la garganta y como Mick ha aceptado a Jesús, quiere estar seguro de que ella también conozca a Jesús antes de morir", me dijo.

Después que Fran y yo fuimos a su habitación en el hospital, ella nos contó que hacía años que no iba a la iglesia. Entonces dijo: "Todos estos años le he dado la espalda a Dios... Es demasiado tarde..."

"No, no lo es", le aseguramos. Luego, Fran la dirigió en oración para pedirle a Dios que la perdonara y para aceptar a Jesús como su Señor.

"Señor Jesús, ven a vivir en mi corazón. Quiero ser tuya", susurró una oración. Después de eso, fui a verla varias veces, llevándole una Biblia y ayudas devocionales. Poco después, perdió la voz y no podía hablar. En el espacio de unas semanas falleció.

En la funeraria conocí a su hijo Mick. "Aceptó a Jesús antes de morir, yo la oí con mis propios oídos susurrar la oración —le dije—. Ella estaba tan contenta de que te hubieras convertido al cristianismo".

Casi no había terminado de darle la buena noticia a Mick cuando una señora mayor habló: "Perdóneme por estar escuchando, pero yo soy la abuela de Mick. Por cuarenta años he orado por mi única hija, mi hija pródiga, para que regresara al Señor. ¡Lo ha hecho! Aunque parezca mentira, ha llegado al cielo. Gracias, Señor. Gracias, Jesús".

Me fui de la funeraria dándole gracias a Dios por darme la oportunidad de ser parte de la respuesta a la oración de esa anciana mamá. Dios sí quiere que oremos los unos por los otros, a veces hasta por extraños.[5]

"Hay quien reparte, y le es añadido más, y hay quien retiene lo que es justo, sólo para venir a menos, y el que riega será también regado" (Proverbios 11:24-25).

Oración

Señor, perdóname por estar tan concentrada en mis propios problemas que a veces fallo en alcanzar a otros. Hoy escojo dejar ir mis propias necesidades a tus amorosas manos. Ayúdame a hacer esta decisión cada día, yo sé que tus caminos son perfectos, y tú eres capaz de hacer mucho más de lo que yo pudiera pedir o pensar. Quiero ser un canal de bendición para otros, mientras el Espíritu Santo derrama tu amor a través de mí. Señor, estoy dispuesta a ser tus manos extendidas a aquellos en necesidad. Por favor, enséñame aquellos que Tú deseas que yo toque. En el nombre de Jesús. Amén.

DOCE

❦

De pie a través de las tormentas

*...En el torbellino y la tempestad está su camino,
y las nubes son el polvo de sus pies.*

NAHUM 1:3

Entiendo los días de azote y los días de no poca tempestad, cuando no aparecen ni el sol ni las estrellas. Y es bueno atravesar tales días, porque si no, no podríamos mostrar a nuestro Dios ni ayudar a otros. Si alguna experiencia nuestra ayuda a traer a otros hacia nuestro Señor, ¿qué importan los azotes?

Pero no es para que vivamos de forma perpetua en un mar tempestuoso. Es para que atravesemos y encontremos refugio y así estemos en paz. Entonces estamos libres de nuestras ocupaciones y nuestras tormentas, libres para ayudar a otros.

Yo quiero vivir en la luz del pensamiento de Su regreso, Su triunfo, el fin de este siglo de tinieblas, la gloria de Su visible presencia. Esto baña el presente en resplandor.[1]

AMY CARMICHAEL

*E*n la vida, de forma inevitable enfrentaremos tormentas. Nuestra respuesta ante ellas es lo que revela cuán fuertes somos en realidad.

Así como vienen las tormentas al mundo físico, podemos estar seguros que durante algún momento en la trayectoria de la vida, también hemos de experimentar un "tiempo de invierno" de tormentas espirituales.

Varados en la tormenta

Yo (Quin) recuerdo en particular de una tormenta literal que vino sin mucho aviso. En medio de una de las peores tormentas de nieve que jamás haya azotado a Dakota del Norte, vi a mujeres paradas firmes en el espíritu a través de momentos de duras pruebas.

Yo fuí la oradora principal de un retiro de damas en el hotel en Bismarck en abril de 1997, con la asistencia de casi noventa mujeres de las comunidades agrícolas de los alrededores. Cuando el retiro finalizó el sábado después del almuerzo, la tormenta ya había comenzado, y aquellas que vivían cerca, tomaron la carretera para ir a sus casas.

Pero la mitad del grupo que vivían más lejos, tuvieron que quedarse atrás cuando el departamento de transporte cerró las carreteras principales. Yo tenía que volar ese sábado, de regreso a Colorado, y pasaría sólo un día en casa antes de salir para Texas. Luego el aeropuerto cerró, así que yo tampoco pude salir.

La tormenta de nieve seguía cayendo. Mantas de nieve, azotadas por vientos fuertes, cubrieron todos los automóviles en el estacionamiento y se colaron por debajo de la puerta de entrada del hotel, acumulando nieve en el vestíbulo.

Algunas de las mujeres que llamaron a sus casas se enteraron de que sus esposos estaban enterrando ganado que se había muerto congelado. Otros informaron acerca de inundaciones que ya habían llenado los sótanos de sus casas, y el agua seguía subiendo. Algunos esposos estaban molestos porque sus esposas no estaban ahí para ayudar en la crisis.

¿Qué podíamos hacer? Orar. Confiar en Dios. Cantar alabanzas a Él. Seguía nevando, nieve que luego se convertiría en inundaciones torrenciales. Personas varadas en moteles cercanos venían a nuestro hotel por comida, la cual rápidamente se estaba haciendo escasa porque ningún camión podía hacer entregas. La mayoría de los empleados del hotel tampoco podían llegar a sus casas.

Cuando el sol se asomó el lunes por la mañana, tomé un taxi al aeropuerto, esperando poder llegar a casa. Fue uno de los viajes más angustiosos que jamas haya realizado, con el taxi resbalando todo el camino por las carreteras congeladas. Al fin, el aeropuerto abrió y regresé a Colorado con sólo dos horas para poder llegar a casa, empaquetar de nuevo mi maleta con ropa de verano, e ir de prisa al aeropuerto para tomar el vuelo a Texas, y a mi próximo retiro.

Pero las mujeres de Dakota del Norte, especialmente aquellas de Fargo, regresaron a sus casas y a unos de los peores desastres en la historia de su estado. Sharon, la esposa de un constructor de Fargo, y una de las que estaba varada con nosotras, envió este informe:

"Al regresar del retiro en Bismarck no podíamos creer la cantidad de nieve, de agua estancada y hielo que había. Mientras más nos acercábamos a Fargo, peor era la destrucción de las líneas eléctricas caídas, postes inmensos partidos, como palillos de dientes, quedaban parcialmente de pie dentro de varios pies de hielo y agua. Pueblos y granjas quedaron sin electricidad de cinco a diez días.

«Agua era lo único que se podía ver por millas y millas en el campo. Fue la sensación más desesperada que jamás he experimentado. Mi esposo alquiló una máquina de carga y trajo sacos de arena y trabajadores. Luego pasamos cuatro días protegiendo con sacos de arena nuestros lugares de empleo y ayudando a los vecinos, sólo para regresar cada noche tarde a la casa, para ver los informes de noticias, de una destrucción total e incluso fuegos en algunas partes de Grand Forks, una zona más al norte. Algunos decían que era como estar en una zona de guerra, pero nosotros sabíamos que Dios estaba en control.

«Cuando nos enteramos de que nuestra subdivisión no podía ser protegida por el gran dique de barro que la ciudad había construido para salvar partes del sur de Fargo, oré por misericordia. Y vino. El aumento de los niveles de agua que habían predicho, nunca llegaron a nosotros. Por lo tanto, nuestro daño fue menor de lo que hubiera podido ser.

«A través de todo, Dios estaba muy cerca. A veces me sentía abrumada por el caos de la destrucción, pero jamás al punto del abandono o la desesperación. La paz de Dios prevaleció en medio de la agitación. Las contestaciones a mis oraciones no llegaban siempre pero aprendí de forma más profunda sobre la soberanía de Dios. En nuestra estación de radio local, secular, como por un mes, pasaron espacios de un minuto con mensajes de los pastores locales, todos de gran inspiración y exhortación. Muchos corazones se abrieron a la ayuda de Dios, y por la misericordia de Dios ni una sola vida se perdió en Fargo y Grand Forks».

Tormentas en la Biblia

Estudiando las diferentes tormentas mencionadas en la Biblia, encontramos verdades valiosas acerca de cómo Dios responde a sus hijos cuando están en medio de una tempestad.

Dios puede proveer un refugio, como lo hizo con Noé. Dios le dijo a Noé que construyera un arca para él y su familia para protegerlos de la tormenta de juicio que se avecinaba (vea Génesis 7). Puesto que él obedeció, la familia de Noé tuvo un lugar de refugio cuando vino la tormenta. El relato cuenta que Dios cerró la puerta del arca, y la única ventana que Él proveyó miraba hacia arriba. Aquellos adentro del arca no podían ver la devastación de la tormenta y de la inundación; solamente podían mirar hacia el cielo.

El arca es una imagen de Cristo. Cuando por fe confiamos en Él para salvación a través del arrepentimiento, perdón, y bautismo, Él se convierte en nuestra arca de seguridad contra el juicio. Y así como las personas de Dakota del Norte descubrieron, Él también es nuestro refugio en medio de cualquier tormenta que la vida pueda traer.

Como yo (Quin) viví la mayoría de mi vida en Florida, puedo identificarme perfectamente con un lector que escribió: "Mucho tiempo atrás me preparé para las tormentas de la vida antes de que llegaran". Cada año al aproximarse la temporada de huracanes, nuestra familia se preparaba para tormentas grandes, aunque no llegara ni una. Nos aseguramos de tener a mano radios, linternas, colchas, agua, comida de lata, maderas, y cinta adhesiva para las ventanas. Y dejábamos el auto lleno de gasolina.

Cuando una tormenta amenazaba nuestra área, los meteorólogos daban aviso adecuado para que pudiéramos evacuar hacia el norte o al interior para seguridad. Siempre me maravillé de que algunas personas rehusaran irse, pensando que podrían atravesar una tormenta con vientos de más de cien millas por hora. Algunos hasta perdieron la vida por tales decisiones necias.

Una noche nos refugiamos en una iglesia a millas del huracán, y dormimos debajo de las bancas, acurrucados en nuestras colchas, escuchando como el viento y la lluvia golpeaban nuestro refugio. Aquella noche pensé mucho sobre

Noé. Y le di gracias a Dios por el arca de seguridad para mi familia en esa iglesia.

No puedo decir que yo siempre estuve tan bien preparada para las tormentas espirituales que vinieron a mi vida, pero a través de los años he aprendido cómo prepararme para los huracanes.

Dios puede enviar una tormenta para hacernos dar la vuelta , como lo hizo en el caso de Jonás. En vez de ir a Nínive como Dios le había mandado, éste profeta desobediente subió a un barco yendo en dirección opuesta. Cuando la tormenta obligó a Jonás a confesar su desobediencia a la tripulación del barco, lo tiraron al agua. Acabó estando en el vientre de un pez muy grande, donde tomó la decision de calidad de obedecer a Dios en vez de ir por su propio camino (vea Jonás 1-2).

Nuestras experiencias quizás no sean tan dramáticas como las de Jonás, pero de cierto Dios puede y usará las circunstancias tormentosas en nuestras vidas para llamar nuestra atención cuando vamos en dirección equivocada, o cuando necesitamos ajustar nuestra actitud.

Su tormenta rugió

Dios usó las circunstancias tormentosas de la vida de Sylvia para dar vuelta a su vida. Durante un período cuando se rebeló contra su crianza cristiana, Sylvia se casó porque estaba embarazada. Sólo tenía diecisiete años. Seis meses después del nacimiento de su hijo, estaba desconsolada al saber que estaba embarazada de nuevo. Para estas alturas su matrimonio estaba teniendo problemas, y descubrió que su esposo Hank era adicto al alcohol y a las drogas fuertes, incluyendo cocaína. Durante los siguientes seis años él la abandonó numerosas veces. Pero todos estos problemas hicieron que Sylvia regresara corriendo a Dios.

Luego, se mudaron de regreso a su pueblo natal y Hank se fue de nuevo, pero esta vez ella le dio un ultimátum. No podría regresar hasta que no comprometiera su vida sinceramente al Señor.

"Me sentí como un fracaso —ella recuerda—. Cargué la culpa de nuestro mal matrimonio, y aún de su alcoholismo. Por fin, le dije que yo iba a tener un esposo cristiano, ya sea él o alguien que el Señor diera."

Sylvia presentó una demanda de separación legal para obligarlo a él a pasar manutención para ella y sus dos niños. Ella continuaba orando para que Hank viniera al Señor, aún cuando un pastor le aconsejó que se divorciara de él por infidelidad. Cuando Hank le pedía si podía regresar, su respuesta era siempre la misma: "No, hasta que dejes que Dios te cambie". Eso sólo le ponía más enojado.

«Aprendí a vivir sola, lo cual nunca había hecho antes —dijo ella—. Amaba el hogar de paz que Dios me había dado, y mis hijos estaban contentos. La separación duró seis años, y llegué al punto donde ni siquiera lo quería de regreso. Durante ese tiempo salía con otros, lo cual no debí haber hecho, aunque fueran cristianos. Esto me distrajo del propósito de Dios".

Entonces un día, cuando Hank llamó, ella misma se sorprendió invitándole a que la acompañara a un concierto cristiano esa noche. Se sorprendió aún más cuando él aceptó. Al terminar el concierto, el invitado musical hizo el llamado de salvación. Hank corrió al frente para dar su vida a Jesús.

"Después de hablar con él por una semana, me di cuenta que realmente era un hombre cambiado —dice Sylvia—. Sentí no tener otro remedio que obedecer a Dios y permitir que regresara a nuestro hogar. Fue una de las cosas más difíciles que jamás he tenido que hacer, y estaba enojada con Dios. Pero Dios continuaba su obra de sanidad en mí; luego cuando me enteré que estaba embarazada con nuestro tercer hijo, estaba muy emocionada".

Sylvia y su esposo no sólo se acercaron más entre sí, sino que él se acercó más a Dios y varios hombres fueron su mentor en la fe cristiana. Entonces, un día, él dejó caer una bomba:

Dios le estaba llamando para que fuera al instituto bíblico y recibir entrenamiento para ser un ministro.

"Yo no lo podía creer, y una vez más estaba enojada con Dios —dice ella—. Sentí que el Señor permitió que todo esto sucediera sin darme ninguna señal de que Él quería que yo fuera esposa de un ministro. Le dije a Dios todas las razones por las cuales yo no era apropiada para la tarea. Pero vendimos nuestra casa y nos fuimos al instituto bíblico, y mi esposo se graduó y fue el que dio el discurso de despedida de su clase".

Mientras Hank pasaba el siguiente año en el seminario, él y Sylvia servían como parte del personal de una iglesia; él como pastor asociado y ella como la secretaria de la iglesia. Un año más tarde descubrieron problemas con la iglesia y fueron de repente despedidos, eventos que sacudieron la fe de Sylvia hasta lo máximo. Pero en la tormenta, buscaron consejo, lo cual les llevó a una sanidad profunda de viejas heridas.

"No me di cuenta de cuántos problemas estábamos cargando por el estilo de vida anterior —nos relató—. Pero Dios realmente nos ha cambiado a los dos. Nuestro matrimonio es fantástico, y siento que tengo el mejor esposo. Una bendición extra es que nuestros hijos tienen un corazón para Dios. ¡Dios es fiel!"

Hank es ahora pastor de una iglesia que él plantó y Sylvia es su mejor apoyo. Después de todo, ella ha sido testigo del poder de Dios en medio de su matrimonio tormentoso; tomando a un drogadicto y convirtiéndole en un predicador del evangelio. Y cambiando el corazón y actitud de ella en el proceso.

Jesús puede calmar nuestras tormentas

Jesús puede calmar la tormenta, así como lo hizo por sus discípulos.

Estos doce hombres estaban aterrorizados por la repentina tormenta, y estaban molestos de ver a Jesús dormido en la parte de atrás del bote. Desde nuestro punto de ventaja, es fácil criticar a estos discípulos. Pero la mayoría de nosotros en algún momento u otro de nuestras vidas hemos experimentado una tormenta donde nos parecía que Dios no estaba tomando nota de nuestra angustia. Jesús tan sólo se despertó y ordenó a la tormenta que se callara, mientras reprendía a sus seguidores por su falta de fe (vea Mateo 8:23-27).

¡Cómo anhelamos a veces que Jesús calle las tormentas en nuestras vidas! Al caminar con Él aprendemos que Él no siempre calla la tormenta de circunstancias por fuera. Pero cuando ponemos nuestra fe en Él, Jesús calma la tormenta dentro de nuestro corazón y da paz interior en plena tormenta.

Después que su esposo por cuarenta y cinco años fue diagnosticado con degeneración macular, Jan descubrió que Dios quería calmar su tormenta interior, no cambiar las circunstancias de afuera. Cuando su esposo fue declarado ciego legalmente y ya no podía manejar, ella tuvo que asumir todas las responsabilidades del manejo del auto. La dependencia de él sobre Jan es de mucha tensión para los dos.

"Esto es tremendo choque para nosotros, pero el Señor nos está enseñando, ¡paciencia, paciencia, paciencia! —ella dice—. Es tan fácil entrar en una discusión acerca de algo que él cree que ve. Él insiste que hay una ardilla en la cerca cuando en realidad es un pájaro. Cositas bobas que pueden causar tanta rabia. El Señor me está enseñando a reírme de estas cosas locas y no molestarme por asuntos triviales. Ahora yo soy la chofera oficial, pero siempre tengo muchas instrucciones de parte de él. ¡Auxilio, Señor!

«Más que nunca estoy orando por cosas pequeñas, tales como por su frustración de no poder arreglar las cosas como ha sido su costumbre, porque no puede ver para poder meter el destornillador dentro del tornillo.

«Entre mi esposo y mi madre, quien cumplió recién noventa y dos años y es muy olvidadiza, la vida es una aventura en estos días. Tengo que mirar al Señor para que me ayude a cambiar mi actitud, y para aprender a caminar en su paz. En realidad, nuestros problemas no son difíciles cuando miramos alrededor a los problemas de los demás. Esta experiencia me mantiene cerca del Señor, donde quiero estar».

Él está con nosotros a través de las tormentas

Dios nos puede llevar a través de la tormenta, como lo hizo con Pablo.

Mientras navegaba de Cesarea a Roma, el apóstol Pablo y sus compañeros de viaje se enfrentaron a una tormenta feroz. Cuando ya se acababa cualquier esperanza de poder sobrevivir, Dios envió un ángel para consolar a Pablo (vea Hechos 27:23-24). Aunque Pablo era prisionero en ese barco, él fue el que recibió las instrucciones de parte de Dios de cómo podrían atravesar la tormenta.

Dos cosas eran necesarias: tenían que reorganizar sus prioridades y tenían que tirar al agua el exceso de equipaje. Luego Pablo les dijo a la tripulación que cortaran las sogas de los botes salvavidas, tenían que depender del plan de Dios, no de sus propias soluciones. Perdieron el barco, pero sobrevivieron la tormenta.

El autor William Gurnall sugiere una razón por la cual Dios no siempre nos libra de la tormenta con la rapidez que nos gustaría: es para darle a nuestra fe la oportunidad de crecer más fuerte. El usa la analogía de aprender a caminar:

CUANDO UNA MADRE LE ESTÁ ENSEÑANDO A SU HIJO A CAMINAR, SE MANTIENE A POCA DISTANCIA Y EXTIENDE SUS BRAZOS AL NIÑO, ANIMÁNDOLE A QUE VENGA. AHORA, SI ELLA EJERCE SU FUERZA PARA IR HACIA SU ÉL, ESTO NO LE CONVIENE AL NIÑO PORQUE A SUS TEMBLOROSAS PIERNAS SE LE NIEGA LA PRÁCTICA QUE ÉSTAS NECESITAN. SI ELLA LE AMA, LE PERMITIRÁ EN EL PRESENTE SUFRIR UN POCO PARA ASEGURAR SU SALUD EN EL FUTURO. ASÍ TAMBIÉN, PORQUE DIOS AMA A SUS HIJOS, A VECES

Él les permite luchar para fortalecer las piernas de temblorosa fe.[2]

Paz en medio de la tormenta

En mayo 5 de 1995 la comunidad pequeña de Texas donde Rose y Grady viven fue azotada con lo que se describió como la peor granizada jamás registrada en la historia de nuestra nación. Perdieron diecisiete ventanas, incluyendo las ventanas contra las tormentas; su alfombra se arruinó; sus cortinas fueron destrozadas; su techo fue destruido; y el vinil garantizado de por vida en la segunda planta de su casa fue hecho astilla.

Inmensas piedras de granizo soplaban y entraban por ventanas rotas y se amontonaban contra la puerta de algún cuarto, imposibilitando ni siquiera el abrir la puerta. Su camioneta fue una pérdida total y un camión y tractor dañados grandemente. Por suerte, al mismo tiempo había otro auto en el taller siendo reparado.

Rose y Grady tomaron refugio en un baño. Cuando la tormenta se calmó y pudieron mirar hacia afuera, notaron que las hojas y hasta parte de la corteza de los arboles de alrededor fueron arrancados.

"Mirar afuera fue como mirar a una zona de guerra —informó Rose—. Nuestro escenario cambió de primavera con multitud de hojas, a invierno con ramas peladas. La devastación estaba por todos lados.

«Me asombró la paz que sentí adentro a pesar de la destrucción de la tormenta afuera. Y justo, como dice la Escritura, todo obró para el bien. Desarrollamos amistades con los vecinos de los cuales estamos muy agradecidos hoy día. Y me han dicho muchas veces que nuestra casa, desde que fue arreglada, está más bonita que nunca. Esta vez Dios no calló la tormenta, pero atravesó la tormenta con nosotros».

Una tormenta para librarnos

Dios puede usar la tormenta misma para librarnos , así como lo hizo con Moisés.

Cuando los israelitas huyeron de Egipto y llegaron a la orilla del Mar Rojo, llegaron prácticamente a un punto muerto. No había forma de cruzar la mar, y el ejército del Faraón estaba detrás de ellos pisándoles los talones. Este evento histórico inspiró la expresión "entre el diablo y el profundo mar azul", que significa que no hay manera de salir por medios naturales.

Moisés les dijo a la gente: "No temáis. Estad firmes, y ved la salvación que el Señor hará hoy por vosotros; porque los egipcios a quien habéis visto hoy, no los volveréis a ver jamás" (Éxodo 14:13).

Cuando Moisés extendió su mano por encima del mar, Dios envió una tormenta de viento, un fuerte viento del este, el cual dividió las aguas. Al próximo día los israelitas cruzaron en tierra seca, con los carruajes del Faraón aún detrás de ellos. Pero después que los israelitas habían pasado, Dios le dio instrucción a Moisés de extender su mano de nuevo sobre el mar. Al hacerlo, las aguas se juntaron y todo egipcio pereció (vea Éxodo 14:21-31).

La fe puede crecer en las tormentas

Muchas mujeres, al igual que Annette, la mujer de nuestro próximo relato, están aún paradas firmes en las tormentas y confiando en Dios por una solución. En medio de la tormenta, su fe está teniendo la oportunidad de crecer.

Cuando los niños adultos hacen malas decisiones matrimoniales, a menudo los padres sufren con ellos, a través de tiempos difíciles, traumáticos y las dolorosas consecuencias. Annette, una madre cuya hija y nietos viven con ella ahora, para escapar de un matrimonio abusivo, nos contó acerca de su desgarradora experiencia.

Esta prueba comenzó cuando Becky, la hija, (no es su nombre verdadero) conoció y se enamoró de un estudiante internacional, que asistía al grupo cristiano de estudio bíblico, del campo universitario.

"Nos convencieron que estaban hechos uno para el otro —dijo Annette—. Becky había visitado la familia de él y sabía acerca de las diferencias culturales, del hecho de que tendría que aprender otra lengua, y vivir a miles de millas de su propia familia. Aunque mi esposo se oponía con fuerza a la idea de esta unión, no tratamos de detenerla. Creímos que iban a vivir en el extranjero y trabajar allá en una misión por unos años, luego se establecerían en los Estados Unidos. Pero eso jamás sucedió".

Varios años pasaron, con Becky y su esposo viviendo en viviendas inadecuadas y trabajando en empleos que ni al uno ni al otro particularmente les gustaba. Ella batalló con aprender la lengua y lidiar con las condiciones de la vivienda. Pero la sorpresa mayor fue darse cuenta que en ésta cultura se esperaba que las esposas se sometieran a sus esposos en todo. Esta práctica no había sido tan obvia durante su corta visita antes de la boda.

El esposo de Becky esperaba que ella tuviera un trabajo, se encargara de la casa, estuviera disponible para todas sus necesidades, cuidar de los hijos, y nunca hiciera una compra más allá de lo mínimo sin su permiso. A diario soportaba abusos verbales. No sólo le disminuyó su sentido de estima propia, sino que le decía todo lo que ella podía o no podía hacer.

Aunque él se consideraba un cristiano comprometido, dejó de ir a la iglesia después de tener un enfrentamiento con algunos de los líderes. Sin embargo, seguía usando las Escrituras como un arma para controlar a su esposa.

Por naturaleza, Becky siempre había sido renuente a darse por vencida en cualquier asunto que emprendiera, por lo tanto seguía tratando de ajustarse, tratando de complacer. Pero después de años de soportar la tiranía de su esposo y de su ira explosiva, se dio cuenta que estaba atrapada en un matrimonio abusivo, el cual no tenía mucha esperanza de cambio. Las responsabilidades añadidas de cuidar de los niños tan sólo intensificaban los problemas.

"Por fin, hizo un plan para irse, aunque había sido intimidada hasta el punto de casi no poder pensar por sí misma —dijo Annette—. Cuando llegó a nuestra casa estaba tan aterrorizada que un miembro de la familia tenía que quedarse con ella en la habitación hasta que ella se quedara dormida. Vivía con el temor de que su esposo tratara de quitarle los hijos".

Annette y su esposo se dieron cuenta de que estaban en una feroz batalla espiritual. "Los planes del enemigo eran astutos y constantes —dijo ella—. Pero el Señor nos dio instrucciones de guardar nuestras bocas y de no responder a las acusaciones del esposo de Becky contra nuestra hija o nuestra familia. En un instante con facilidad él podía echar una bronca y reprender a alguien, y momentos más tarde tratar de llevar una conversación normal con la persona como si nada fuera de lo normal hubiera sucedido. Nuestro silencio le puso más enojado y frustrado".

Annette compartió la estrategia de oración que ella cree el Señor le dio a su familia, para usar en esta continua batalla, mientras se pararon firmes en su tormenta:

- Orar los Salmos 35 y 91 por Becky y sus hijos, para que los ángeles de Dios les vigilen.

- Perdonar de continuo al esposo de Becky, en especial cada vez que él manda una carta de odio o de amenaza. Caminar en perdón mantiene sus corazones abiertos a la dirección y bendición de Dios.

- Pedirle a Dios que cancele las oraciones de las personas con buenas intenciones que están orando para que ella regrese a su esposo a pesar de su abuso.

- Orar para que el esposo de Becky encuentre el arrepentimiento que conduce al conocimiento de la verdad, y que vuelva en sí y escape de la trampa del diablo (vea 2 Timoteo 2:26).

- Orar que los hijos de Becky tengan fuertes influencias cristianas, tanto a través de la familia de ella como a través de otros que Dios hará que crucen sus caminos.

Las palabras del profeta Nahum son realmente verdaderas: "En el torbellino y la tempestad está su camino, y las nubes son el polvo de sus pies" (Nahum 1:3).

Si Dios es lo suficientemente grande como para poder controlar las fuerzas de la naturaleza, tenemos que creer que Él es lo suficientemente grande como para resolver nuestra situación tormentosa y honrar Sus promesas. Uno de nuestros compañeros de oración expresa la esencia de la decisión que todos enfrentamos:

Toda mujer tiene un momento en su vida donde tiene que tomar una decisión de creer que Dios puede lidiar con lo que ella no puede. Después de llegar a ese lugar de confianza en Jesús, aprendí a pararme en la Palabra cuando no podía ver luz o esperanza alguna en lo natural.

Nosotros oramos que la próxima vez que te encuentres enfrentando una tormenta, tomes valor de estos ejemplos bíblicos, y de las mujeres en este libro que han compartido sus historias.

Oración

Señor, vengo a ti acerca de la situación tormentosa que estoy atravesando ahora mismo. Coloco mi esperanza, fe, y confianza en Tu fuerte diestra que se extiende para salvar. Manténme tranquila en esta tormenta, y dame tu paz. Ayúdame a levantarme como intercesora por aquellos que son afectados por esta tormenta, y dame una estrategia de oración para ellos hasta que salgan a salvos. Así como Tú hiciste callar la tormenta para tus discípulos quienes tenían tanto miedo, oro para que Tú calles la tormenta en nuestras vidas. Oro en el precioso nombre de Jesús, Amén.

Epílogo

- Traición.
- Sueños perdidos.
- Muerte de un amigo.
- Expectaciones destrozadas.
- Decepciones muy penosas como para compartirlas.

*T*odos nosotros hemos experimentado alguno de estos momentos realmente difíciles. Pero ahora que he alcanzado mis años de plata, puedo decir, sin equivocarme, que en cada ocasión que he caminado a través de momentos difíciles y dolorosos, mi relación con Dios se ha fortalecido.

¿Por qué? Porque Él es el único en quien puedo confiar y tener plena dependencia. Él es mi reserva de fortaleza que me capacita para continuar.

El otro día mientras leía estas palabras de Romanos 5:3-4a, tal parecía que penetraban mi corazón: "Y no sólo esto, sino que también nos gloriamos en las tribulaciones, sabiendo que la tribulación produce paciencia; y la paciencia, carácter probado; y el carácter probado, esperanza".

¿Quién se matricularía en un curso de presión, aflicción, dificultad? Difícilmente alguno. ¿Pero quién entre nosotros no desearía ser conocido por su resistencia, madurez de carácter, fe e integridad? Cuenta conmigo.

¡En ocasiones pensamos que no podemos tolerar ni otro momento difícil! Hemos alcanzado nuestro límite. Cuando me siento de esa manera, me recuerdo de la lección que aprendiera de mi nieto de dos años, Lyden Benjamin.

Mientras caminaba con él, de mi casa a la de él, tal parecía que nunca íbamos a llegar a la puerta delantera de su casa, porque él se detenía a oler las rosas a todo lo largo del camino. En mi impaciencia, yo deseaba continuar el camino, para llegar a nuestro destino. Pero su placer frente a la belleza y fragancia de las flores hizo de esta caminata una delicia.

Me di cuenta de la tendencia que tenía de apresurarme en la vida, sin saborear mis "momentos atesorados" y la belleza de la creación de Dios en el camino. Los momentos difíciles vienen, sí. Pero aún si nuestros caminos nos llevan por el sufrimiento, podemos encontrar flores a lo largo de la vía. Y con las espinas de las rosas también viene el perfume.

Cuán agradecida estoy de que esta tierra no es nuestra morada final. Y que por causa de la muerte de Jesús y de Su resurrección, nosotros tenemos la promesa de vida eterna con Él.

Espero que ahora tú hayas podido depender más y más en Jesús como tu Salvador. Porque eso es lo que te sostendrá a través de los momentos difíciles de tu vida.

Quin Sherrer

Notas

❦

UNO

¿Estás atravesando momentos difíciles?

1. Dr. Paul Brand y Philip Yancey, *In His Image* (Grand Rapids, Mich.: Zondervan, 1984), 291.

2. Roger C. Palms, *Bible Readings on Hope* (Minneapolis: World Wide Publications, 1995), 49.

3. Antoinette Bosco, *The Pummeled Heart* (Mystic, Conn.: Twenty-Third Publications, 1994), 16,27.

4. Corrie ten Boom, *Not Good if Detached* (London: Christian Literature Crusade, 1957), 95-96.

DOS

Cuando la dificultad golpea el hogar

1. Catherine Marshall, from *A Closer Walk*, citado en "The Breakthrough Intercessor" Newsletter (mayo/junio 1997), 12.

2. Hannah Whitall Smith, *The God of All Comfort* (Chicago: Moody, 1956), 112.

3. Evelyn Christenson, *What Happens When Women Pray* (Wheaton, Ill,: SP Publications, 1975), 66-67.

4. Ray Beeson y Ranelda Mack Hunsicker, *The Hidden Price of Greatness* (Wheaton, Ill.: Tyndale, 1991), 87-88.

5. Dean Sherman, *Spiritual Warfare for Every Believer* (Seattle, Wash.: Frontline Communications, 1990), 140.

TRES

Sanando el dolor familiar

1. T.D.Jakes, *Woman, Whou Art Loosed!* (Tulsa, Okla.: Albury, 1996), 59.

CUATRO

Adversidad en el matrimonio

1. Elisabeth Elliot, *Love Has a Price Tag* (Ann Arbor, Mich.: Servant, 1979), 108.

2. Paula Sandford, *Healing Women's Emotions* (Tulsa, Okla.: Victory House, 1992) 45, 61.

3. Pasaje seleccionado de Elaine Keith, "How God Save-de Our Marriage" *Revista Aglow* (Lynnwood, Wash.: Publicaciones Aglow, 1986), Primavera, 15-21. Usado con permiso.

4. Laurie Hall, *An Affair of the Mind* (Colorado Springs: Focus on the Family, 1996), 98-99.

5. Hall, 231.

6. Hall, 239.

CINCO

Sobreponiendose a la traición y al divorcio

1. Del libro de Chuck Swindoll *Simple Faith*, según fuera citado en Max Lucado, *Life Lessons Series; Books of Ruth and Esther* (Dallas: Word, 1996), 38.

2. Alfred Ells, *Restoring Innocence* (Nashville: Nelson, 1990), 210-11.

3. Carolyn A. Driver, "How to Walk With God When Your Spouse Doesn't," *Revista Carisma* (Lake Mary, Fl.: Strang Communications, marzo 1997), 36.

4. Natalie R. Peterson, "Now's time to think Domestic Violence Prevention," *San Antonio Express-News* 15, de octubre de 1997, 5B.

5. Catherine Clark Kroeger y James R. Beck, *Women, Abuse, and the Bible* (Grand Rapids, Mich.: Baker, 1996), 20, 186.

6. Patricia Evans, *The Verbally Abusive Relationship* (Holbrook, Mass.: Media Corporation, (96), 83-84.

7. Catherine Marshall, *Light in My Darkest Night* (Grand Rapids, Mich.: Chosen Books, Inc., una división de Baker Book House, © 1989 por Leonard E. LeSourd), 27.

8. Marshall, *Light in My Darkest Night*, 255.

9. Elisabeth Elliot, *Keep a Quiet Heart* (Ann Arbor, Mich.: Servant, 1995), 51.

SEIS

Nunca sola: Encarando la viudez

1. Ruth Sissom, *Instantly a Widow* (Grand Rapids, Mich.: Discovery House, 1990), 20.

2. Sandford, 39, 82.

3. Ruth Myers, *31 Days of Praise* (Sisters, Ore.: Multnomah Press, 1994), 127.

4. Sissom, 64.

SIETE

Dolor y desencanto con Dios

1. Walter Wangerin, Jr., *Mourning into Dancing* (Grand Rapids, Mich.: Zondervan, 1992), 157.

2. Herman Riffel, *Learning to Hear God's Voice* (Old Tappan, N.J.: Fleming H. Revell [A Chosen Book], 1986), 116-17.

OCHO

Cuando tú oras por sanidad

1. Pasaje seleccionado de Mickie Winborn, *Through a Glass, Darkly* (Tulsa, Okla.: Harrison House, 1997).

2. Joni Eareckson Tada y Steven Estes, *When God Weeps* (Grand Rapids, Mich.: Zondervan, 1997), 117-118.

3. Quin Sherrer y Ruthanne Garlock, *A Woman's Guide to Spiritual Warfare* (Ann Arbor, Mich.: Servant, 1991), 26-28. "Guerra Espiritual: Una guía para la mujer" (Editorial Unilit), Miami, Fl.

NUEVE

Cuando la cuna está vacía

1. Philip Yancey, *Disappointment With God* (Grand Rapids, Mich.: Zondervan, 1988), 200-201.

DIEZ

Crisis y trauma

1. Gerald L. Sittser, *A Grace Disguised: How The soul Grows Through Loss* (Grand Rapids, Mich.: Zondervan, 1996), según fue citado en el libro revisado por Christopher A. Hall en *Christianity Today* (Marzo 3, 1997), 46-47.

2. Elisabeth Elliot, *On Asking god Why* (Old Tappan, N.J.: Revell, 1989), 18.

3. Pasaje seleccionado de "Our Triple Loss" por Marge DeZwaan, según fue dicho a Quin Sherrer, *Christian Life Magazine* (Lake Mary, Fla.: Strang Communications, Mayo 1984), 35-43. Usado con permiso.

4. Smith, 241.

ONCE

Alcanzando al adolorido

1. Dr. Paul Brand y Philip Yancey, *In His Image* (Grand Rapids, Mich.: Zondervan, 1984), 276.

2. *Strong's Exhaustive Concordance* (Grand Rapids, Mich.: Baker, 1984), references #3870 y #3875.

3. Brenda Hunter, *In the Company of Women* (Sisters, Ore.: Multnomah Books, 1994), 116.

4. Norm y Joyce Wright, *I'll Love You Forever* (Colorado Springs: Focus on the Family, (93), 9. ("Siempre te amaré" Editorial Unilit).

5. Quin Sherrer y Ruthanne Garlock, *How to Pray for Your Family and Friends* (Ann Arbor, Mich.: Servant, 1990), 110-12.

DOCE

De pie a través de las tormentas

1. Stuart y Brenda Blanch, *Learning of God: Readings from Amy Carmichael* (Fort Washington, Pa.: CLC, 1985), 129.

2. William Gurnall, *The Christian in Complete Armour*, Vol. 1, condensado ed. (Carlisle, Pa.: Banner of Truth Trust, 1986), 56.